The
Four Sacred Secrets

For Love and Prosperity,
A Guide to Living in a Beautiful State

美しい意識で生きるためのガイド

4つの神聖な鍵

シュリ・プリタジ&
シュリ・クリシュナジ

翻訳 関口香

F
フローラル出版

この本を、万物とのワンネスへ向かう人々の、意識の変容のために捧げます。

4つの神聖な鍵◉目次

第1章

第1の神聖な鍵

第1の人生の旅

第2章

第3章

第4章

CONTENTS

4つの神聖な鍵
美しい意識で生きるためのガイド

日本語版への前書き

本書は日本向けの特別版です。
巻末にはワンネスで学ぶ日本の方々の体験談も収録しています。その人々は、ビジネスマンや企業家、親、アーティスト、エンジニア、サービス業など、現代社会の中心で生きる人々です。彼らの悟りへの旅路がどのように人生や仕事に影響したかを語ってくれています。また、最後のエピローグには、日本の方向けの質疑応答も新しく加えました。
本著『4つの神聖な鍵』はコロナ禍の影響で日本での出版の遅延を余儀なくされました。しかし過去5年間で、ワンネスは日本で飛躍的に成長しました。私たちは年に3～4回以上日本を訪れています。そして、悟った意識や富の意識への目覚めを求めて日本からシーカー（探求者）たちが次々とワンネスを訪れています。

私たちは日本を訪問するたびに、日本人の持つ整理された思考や効率性、計り知れない優しさと寛大さに驚かされます。日本ほど熱心に悟りを求めている国は他にありません。悟った意識で人生を送りたいと願う人が、老若男女を問わずたくさんいます。だからこそ、この特別版を日本の皆様に捧げたいと思いました。

２０２４年11月　シュリ・プリタジ＆シュリ・クリシュナジ

日本に向けた改訂版発刊の翻訳に寄せて

この本は、２０１９年に全世界に向けて発刊された書籍『ＴＨＥ ＦＯＵＲ ＳＡＣＲＥＤ ＳＥＣＲＥＴＳ』を、２０２４年の今、日本に向けて改めて翻訳する機会を得たものです。この５年の間に、世界状況の変化と共にワンネス・ムーブメントも大きな変化を体験しました。それに合わせて、今回の改訂版は原書の初版で使用された表現や用語をいくつか変更した上での翻訳となりました。また、原著では瞑想の手順が詳細に記されていない部分も多かったのですが、原著者のお二人が自ら録音したＡｕｄｉｂｌｅの音源を活かすことで、日本の読者の皆様が個人やグループでの瞑想や読書会で利用しやすいように配慮しています。初めてワンネス・ムーブメントに触れる方にも理解しやすいように、ワンネスキーワードという形で長めの訳注も加えました。さらに、原著のタイトルをそのまま翻訳すると「４つの神聖な秘密」となるところを、日本の読者が受け取りやすいように「４つの神聖な鍵」と変更しています。

これらの全てを許可し、サポートしてくださいましたシュリ・プリタジとシュリ・クリシュナジに深く感謝いたします。

翻訳者　関口香

はじめに

Byシュリ・プリタジ

ドアを開けてベランダに出ると、辺《あた》りの空気が湿気を含み始めているのを感じた。

風の中に、どこか遠くの濡れた土の匂いがする。

頭上には2つの黒い雲が集まり、やがて大きな雨粒が勢いよく降り始めた。

屋根から流れ落ちる水が跳ねて、庭のあちこちに水たまりができていく。

1匹の蛙が大きな声で鳴いたかと思うと、別の蛙が応えるように鳴き、すぐに蛙のオーケストラが響き渡った。

私の五感は爆発的な歓喜で満ちていく。

至福があらゆる方向から注がれた後は、私の内側に深い静寂が訪れた。

もうすぐ発表予定の瞑想アプリについて話し合うために、ロサンゼルスからCFO（最高財務責任者）が電話をかけてくる。

会話の間も私の内側には静けさが続く。その間も言葉は流れていく……。

なぜ多くの人々は、人生をこんなふうに流れるように生きられないのだろう。なぜ人間関係において、深く豊かで充実した瞬間は稀だと思うのだろう。なぜ成功への道のりには時間がかかり、障害ばかり大きいと感じるのだろう。なぜ幸福は一瞬にして過ぎ去ると信じているのだろう。

子供の笑顔を見たとき、愛する人を抱きしめたとき、仕事で成功して拍手喝采されたとき、人々はつかの間の喜びを感じる。それなのに、なぜ高揚感はすぐに薄れ、不安や心配、疑いに代わってしまうのか。

何千年もの間、人間はこれらの問いに対する答えを求めてきた。たくさんの人々が、素晴らしい存在へと目覚めるために無数の戦略やテクニックを試してきた。努力してスキルを磨こうとし、昔の修行法や現代で流行りのアイデアを同様に習得しようと努めてきた。しかし、これらの戦略は、私たちを理想の人生に近づかせてくれたろうか？　それとも一時的な成果をもたらしただけだろうか？

もちろん、戦略的アプローチが悪いと言っているのではない。ただ、私たちがこの本で伝えようとしているのは、あなたがそういったありきたりの解決策を越えていけるということだ。そして、今まで習得したどんなテクニックよりもはるかに大きなパワーへと目覚められるということだ。

それは繁栄と愛に満ちた人生の創造を可能にするパワーであり、あなたは単にそのパワーにアクセスするだけだ。それは、変容した意識の持つパワーだ。

別の言葉で言うなら、この本はマインド（心）のトレーニングや、より良い習慣を身につける戦略を語るものではない。私たちが伝えたいのは、あなたが現実を体験する方法を〝変容〟させることについてだ。あなたがあなたをどう体験するのか。あなたが周りの世界をどう体験するのか。あらゆるものを体験する方法自体を〝変容〟させるのだ。

少し考えてみてほしい。人生をまったく違う方法で体験するとはどういうことだろう。脳の未開発部分が活性化し、処理速度が上がったように感じることだろうか。問題ばかりだと思っていた人生に、チャンスを見つけられることだろうか。時間と運がようやく自分の味方についたと感じることだろうか。パワフルな意識と共にあると、何が可能になるのだろう？　あなたがもし、過去30年以上の間に私たちが出会った多くの人々と同じなら、その知識を強く求めているかもしれない。

１９８９年、私の義理の両親であるシュリ・アンマとシュリ・バガヴァンは「ワンネス」を設立した。それは、悟った意識へと向かう人々をサポートするスピリチュアルなムーブメントだ。２０１６年、義両親はワンネス・ムーブメントのリーダーシップをシュリ・クリシュナジと私に手渡し、それ以来私たちはこのムーブメントを導いてきた。２０１６年以降、熱心な探求者たちや新しい瞑想者たちを含め、様々な背景を持つ人々を悟った意識に導けるように、ワンネス・ムーブメントを１つのエコシステムとして作り上げてきた。

ワンネス・ムーブメントは、悟った人々をクリエイトするために存在する。だからこそ、クリシュナジと私はユーモアを込めて「皆さんを『ベンツに乗ったブッダ』にします」と言っている。それは、愛する人たちと共に、地球に優しいベンツに乗る豊かなブッダ（悟った人）たちという意味だ。社会と関わらず、誰ともつながらずに暮らしている世捨て人ではない。

つまり私たちは極端にスピリチュアルだけに向かう人も、極端に物質だけに向かう人も生み出すつもりはない。むしろ、この二つの世界を壮大に融合させていく。それがこのムーブメントの本質だ。

私たちが整えたエコシステムの象徴であるＥＫＡＭ（エーカム）はインドにあり、悟りのワールド・センターであると同時に、世界中に広がるワンネス・ムーブメントの中心だ。現在、デンマークのコペンハーゲンに程近いスウェーデン国内にも、ヨーロッパの悟りのためのセンター、ワンネス・ノルディックがある。そして世界47カ国以上に、トレーニングを受けた熱心なボランティアやトレイナーが何千人もいて、私たちの瞑想技法を教えている。

私たちが提供しているカリキュラムは、多くの人々が心の傷から解放されて素晴らしい人間関係を育み、攻撃的ではない方法で成功を生み出し、恐れのない人生を送るのに役立ってきた。「ストレスから穏やかさへ」、「分離からつながりへ」、「分断からワンネスへ」と向かうことで、人々が個人として、家族や組織の一員として、自分自身を変容させる方法を伝えてきた。

ワンネスはムーブメントとして、ここで学ぶ人々を幅広い学びへと導く。私たちの元を訪れる人々は、自分たちの学びを日々の生活に取り入れていく。私たちは、10代の青少年や20代から30

代の若者、家族、スピリチュアルな道の探求者、意識的な富の創造者、そして「意識のアップグレード」を望むリーダーなどに向け多岐にわたるコースを提供している。

多くの人が、戦略的なアドバイスを求めてクリシュナジと私のもとを訪れる。しかし、彼らはすぐに気づくのだ。意識の純粋なパワーに目覚めた結果として人生に現れる洞察／気づきと魔法に比べれば、どんな戦略もほぼ意味をなさないということに。

この本を、人間の意識の壮大な可能性を解き放つガイドとして捉えてほしい。非常に残念なことだが、多くの人は、深い叡智の源泉に足を踏み入れる機会を与えられてこなかった。だから、幸福や成功をなんとか手に入れようとして、一杯のお茶さえ断る客を必死で追いかけ回すように人生を無駄にしてきた。

以降のページで私たちが伝えていくのは、壮大な意識のパワーへとあなたを導く「4つの神聖な鍵」だ。それぞれの〝鍵〟の後には、〝人生の旅〟という章が続く。これは、あなたの夢の実現や拡大した意識状態へのアクセス、愛する人々との真のつながりなど、願うものすべてに対する障壁からあなたを解放する旅だ。

意識が変容することの大きな報酬は、クリシュナジと私が「美しい意識状態（ビューティフルステート）」と呼ぶ在り方を体験することだ。美しい状態《ビューティフルステート》にあると、人生は喜びに満ち、ラクに感じられる。あなたの人生には多くのチャンスが簡単に入ってくる。見知らぬ人があなたの友人やサポーターになる。人生という旅のあらゆる段階であなたの元に助けがやって来る。行き詰まりを感じることはもうない。あなたの直感は目覚めている。

この本の核心となる洞察／教えは、とてもシンプルである。それは、「私たちの存在のあり方は、苦しみの状態か美しい状態《ビューティフルステート》か、2つしかない」ということだ。苦しみの状態は、あなたの周りに混沌としたエネルギーフィールドを作る。美しい状態《ビューティフルステート》は、あなたの人生に調和のとれた出来事を招き入れる。

したがって、私たちにとっての最も重要な選択は「苦しみの状態か、美しい状態《ビューティフルステート》か。自分はどちらの状態（ステート）で生きたいか」だけだ。

しかし、次のような疑問を生じさせる人もいるだろう。
「一度選択をしたら、ずっと美しい状態《ビューティフルステート》でいられますか？」。

いいえ、それはできない。選択だけでは十分ではない。

最初に理解しなければいけないことは、苦しみの状態は多くの場合、無意識の中に深く根付いているということだ。それらはエピジェネティックという形で後天的に遺伝情報の中に入ることもある。または出生前に、幼少期に、さらには成人してからも私たちの中に入り、根を張っていく。

苦しみの状態にあることによって、私たちは自分が完全な存在であることを忘れ、穏やかさや喜び、勇気などを感じられなくなる。しかし、苦しみの状態は乗り越えることができる。

私たちが苦しみの状態から解放されることを学ばないままでいると、それは何度も戻ってきて、私たちの基本的な感情が悲しみやイライラ、怒りなどになっていく。

そのように心に傷のある状態《ステート》から、永続する幸福や人間関係、富を生み出すことはできない。むしろ、イライラや欲求不満を原動力として前進し、何かを達成したところで、満足感は長続きしない。頂点に上り詰めるために払った代償が大きすぎて、「すべてを捨てて頑張ったけれど、それだけの価値があったのか?」と自問することになるかもしれない。その時点になってからでは、瞑想したり、念仏を唱えたり、休暇を取ったりしても、火山に氷を投げ込むようなものだと感じるだろう。

私たちには対症療法以上のものが必要だ。

私たちには変容が必要なのだ。

クリシュナジと私は、美しい意識《ビューティフルステート》のパワー、さらには悟った意識のパワーについての私たち自身の体験をあなたと分かち合うためにこの本を共著した。またこの本には、ワンネスで学んでいる人々の体験談も散りばめられている。彼らは、人生のあらゆる領域で自分の内側からの変容を体験し、外側の世界に大きな変化をもたらした。永続的な人間関係を構築し、成功したキャリアをクリエイトした。これらの人々の名前、出身国、経歴は意図的に変更し、プライバシーを保護しながら、彼らの洞察／気づきと変容の体験の信頼性を維持することに務めた。

もしあなたが意識の変容に興味があるなら、彼らの体験を読んで、生きることや愛すること、成功することが、いかにスムーズになるかを発見できるだろう。

これらの神聖な鍵をあなたのハートに受け止めてもらうことで、宇宙は愛に満ちたあなたの友人となり、魔法のようなシンクロニシティであなたを支え、そのパワーがあなたを導くだろう。

では、一緒にこの旅を始めよう。ただし、始める前に、一つだけ提案がある。それは、あまり急いで読み進めないことだ。この『4つの神聖な鍵』は、あなたが何度も戻ってくる本になるだろう。この本は、あなたの魂に語りかける。これらの言葉の奥にある真実が、日を追うごとにあなたの中でその完全な姿を現していく。

毎日の瞑想の一環として活用してもいいし、試練に直面した際に明晰さを得るために常にそばにおいてもいいだろう。読みながら気づいたことや疑問を書き留めて、自分だけの本にしてほしい。読み直すたびに、新しい学びが得られるはずだ。時には立ち止まり、振り返りをしてほしい。意識のパワーに目覚める中で、湧き上がる感情や気づき、起きてくる〝偶然の一致〟についても、書き留めておいてほしい。

私の目覚め体験

By シュリ・クリシュナジ

2009年の春、プリタジと私は当時5歳だった娘のロカーと共に、南カリフォルニアのビッグベア湖へと旅していた。しばらく前から皆で楽しみにしていた休暇で、山の頂から見える美しい風景を3人で堪能した。

クリスタルブルーの水で満たされた広大な湖は、果てしなく続くかのようだった。湖面には緑の森や白い雲が映り、金銀の筋が清らかな水面にきらめいていた。私は、肺いっぱいに広がる涼やかな山の空気に爽快な気分になった。

山頂近くに行けば気温が下がることは予想していたが、雪解け水が流れ込む湖から来る風がこんなにも冷たいとは想像もしていなかった。私の体と心は、完全に目覚めていた。

しばらくすると、ロカーの興奮が静寂を破った。「ナンナ！　ナンナ！　見て！」と彼女は叫んだ。ナンナとは、南インドで「お父さん」を意味する。

彼女は私の腕を引っ張って、マリーナを指さした。そこには2台のジェットスキーがドック入りしていた。プリタジと私は顔を見合わせた。目を輝かせている小さな娘にどうしてノーと言えるだろうか？

ロカーの興奮は私たちを高揚させた。ジェットスキーのインストラクターも陽気な雰囲気だった。彼はジェットスキーについての基本をさっと教えた後、「君たち、本当にライフジャケットが必要かい？」と聞いてきた。あまりにもくだけた調子だったので、私は思わず「いいや、大丈夫だ」と即座に答えた。

30秒も経たないうちに、プリタジが私を小さくつついて「お願いしましょうよ」と言った。その瞬間、ハッと気づいた。もちろん必要だ！　プリタジは泳げないのだから。

私たちはライフジャケットを受け取り、ジェットスキーへと向かった。私がエンジンをかけると、インストラクターの声はエンジン音とロカーの歓声にかき消されながら、かろうじて最終的なガイドラインを伝えるのみだった。

彼は、スピードの調整や、急な方向転換を避けることなど、いくつか細かいことを叫ぶように話した。ジェットスキーがマリーナを離れ始めると、彼は「ジェットスキーがひっくり返ったら、7分以内に直立させないと沈んでしまうからね」と大きな声で叫んだ。そして、私たちは出発した。「もっと速く、ナンナ、もっと速く」。ロカーが私を煽《あお》り、私たちは笑いあった。すでにかなりの距離を移動していたが、この広大な湖ではまだ何マイルも先へ行けるような気がした。

私は、ロカーとプリタジに記憶に残る体験をさせたくて、さらにスピードを上げていった。ジェットスキーを蛇行運転しながら、大きくて格好いい波を作ろうとした。ところが次の瞬間、あっという間にジェットスキーは倒れ、私たちは湖に落ちたのだった。

すべてが真っ暗になった。私たちは全員水中にいた。プリタジが必死に私の服にしがみつくのを感じ、恐怖が私の体を貫いた。ロカーはどこにいるのか。もがきつつ水面に上がると、ライフジャケットをつけた二人が浮かび上がってきた。

プリタジは肺に水が入ったようで、苦しそうに咳込んでいた。彼女がバランスを取ろうともがいている間、私は激しく動揺していた。もしもプリタジに万が一のことが起きていたら、私はどうしたのか？　もしもロカーに何か起きていたら？

私自身が落ち着きを取り戻し、二人を安心させるまでに数分かかった。ロカーのほうがプリタジよりも回復が早かった。

「カンナ？（訳注　インドで愛する人に呼びかけるときの言葉。『あなた』の意味）このジェットスキーをどう立て直すの⁉」と、プリタジが叫んだ。緊張が高まる中、インストラクターの言葉が頭の中に鳴り響いた。7分という時間はすでに経とうとしていた。ジェットスキーはいつ沈んでもおかしくなかった。

私たちはこの沖合の氷水に浸《つ》かり、脱出することもできず、携帯電話も水没していた。安全手順をあれほど軽視していたインストラクターが私たちのことを忘れていると考えるのも、決して大げさなことではない。もしも誰も助けに来なかったらどうしたらいいのだろう？　私はパニックになった。私たちはこのまま冷たい水の中で凍えてしまうのではないか。

ジェットスキーを立て直すことはできなかったが、幸い沈むことはなく浮き続けた。あとは、誰かが救助してくれるのを待つばかりになった。最悪の危険は去ったようだった。

その間も、私のマインドは駆け巡り続けた。そもそも、マリーナで受けた指示が不十分だったことに怒りが止まらなかった。ジェットスキーのインストラクターを叱りつけたかった。私は、とても怒っていた。

同時に、一体なぜこんなことが起きたのかを理解しようとしていた。頭の中には様々な疑問が渦巻いた。

なぜ私の家族にこんなことが起きたのか？

これはネガティブなカルマの結果なのか？

これは宇宙の計画の一部として起きた私の運命なのか？

このことから私はどんな教訓を学ぶべきなのか？

思いついたどんな答えも、私の気分を良くするものではなかった。この事故をカルマや宇宙の計画、あるいは私が学ぶ必要のある教訓とみなすことができれば、きっと怒りは消え去って平穏が訪れ、疑問はなくなるはずと思った。しかし、私の怒りと疑問は消えることなく続いた。一体、何が起こっているのか？　私が内側で感じている苦しみは何なのか。

私にとって、このように自分の内側に大きな問いかけをするのは普通のことだった。実際、それだけをするように育てられたと言ってもいい。私の父、シュリ・バガヴァンは、スピリチュアルな教師であり、スピリチュアルな組織であるワンネスの創設者だった。このワンネス・ムーブメントの中心にあるのが、ワンネス・ブレッシング、またはディクシャと呼ばれる現象だ。

父がまだ子供だった頃、巨大なゴールデンオーブ（黄金の光の球体）の神秘的ビジョンが彼の前に現れ、人類の解放のためにマントラ（聖なる言葉）の詠唱と瞑想をするように促し、やがて消えた。父はその後、学校を設立した。そこで子供たちは従来の教育に加えて、喜びに満ちた関係性を築く技法を学んだ。私もそこで学ぶ生徒の一人だった。

父の前からゴールデンオーブのビジョンが消えて15年後、同様の現象が私に起こり始めた。それは私が11歳のときで、今までに聞いたこともないようなパワフルな悟りの意識状態を体験し始めた。私は時空間を超越し、死もなく誕生もない永遠の意識であることを体験した。私は宇宙意識を体験し、非二元を体験し、すべてが分離不可の意識状態を体験した。これらはすべて、自分が願ったり呼びかけたりしたものではなく、自然発生的に起きたのだ。

それに加えて、爽快な体験もたくさんあった。この世ではない別の世界を探検したり、アストラルトラベルをしたりした。また、動物たちや私の周りの人や友人たちを癒すこともできた。私は、自然との信じられないほどのつながりを感じ、雲や風、すべてと一体となった。私はまだ子供だったが、この素晴らしい意識状態が宇宙から私に向けて開かれたのだ。そして突然、この悟った意識状態が私から友人や学校の他の生徒たちに流れ始めた。

ある日、父が「その状態《ステート》を意識的に他の人と共有できるかい？」と私に尋ねたとき、私は「はい」と答えた。私がその状態《ステート》を他者に転送すると、彼らは同じようにゴールデンオーブのビジョンを見始めた。このゴールデンオーブは、それを神と呼ぶ人もいれば、愛と呼ぶ人もいるし、神聖なるものと呼ぶ人もいる。

このようにユニークな子供時代を過ごしたため、私は人生の謎を探求することにためらいを感じたことがなかった。しかし、哲学的な疑問がこれほどの切迫した状況下で起きたことはなかったのだ。

残念ながら、冷たい水に浸《つ》かりながら、考え得る状況説明のどれも私の気分を良くするのに役立たなかった。一つとして、私を穏やかな気分にさせることもなかった。

私はただ、あの役立たずのインストラクターのことばかりを考えて、頭に血が上る思いだった。ジェットスキーがひっくり返ってしまったらどう立て直せばいいのか、彼は一言も教えてくれなかったのだ。どうしたらそんな重要な情報を忘れることができるのか。そんな軽率なことがあっていいのか。私は怒りを手放すことができなかった。私の思考は堂々巡りをしていた。

これは私にしては奇妙なことだった。なぜなら、私は子供の頃から、一度たりともこのように不快感が自分の中に居座るのを許したことがなかったからだ。自分の内側の混沌に違和感を覚えた私は、強い決意をもって自分の内側に注意を向けることにした。

一瞬のうちに、紛れもない真実が私の前に立ちはだかった。私は気づいたのだ。私が怒っていたのは、宇宙や人生やインストラクターに対してではなかった。「自分自身」に対して怒っていたのだ。結局のところ、マリーナで興奮していた私は、ライフジャケットは必要ないと言った。もしあの時、プリタジからライフジャケットが必要だと言われなかったら、家族を失っていたかもしれない。

この真実を完全に見たことで、私の内側の混沌が静まった。次の瞬間に起きたことは、「空っぽになる」という大きなプロセスだった。

苦しみが起きた瞬間に、その理由を探して逃げ込む理屈。不幸に直面したときに慰めを見出そうとして思いつくあらゆる形而上学的概念。それらが、その瞬間消えた。気分をなだめるとか、落ち着かせるということは、もはや選択肢ではなかった。私は想像を絶するスピードで、何かに向かって突き進んでいた。それが何かはわからなかった。

ただ、自分の内側に広がる大きな静寂の中で、これまで経験したすべての苦しみの真の性質に気づいたのだ。気づきが、私の存在すべてに広がっていった。

それは、「すべての苦しみの根本原因は、執着的で自己中心的な思考である」という気づきだった。私がついに理解したのは、自分の苦しみだけではなかった。全人類の苦しみを目撃していたのだ。

その瞬間、私は、疑いようもない明白性を持って気づいた。すべての人間が抱える不幸の最大の要因が、「自分自身に対する強迫的なとらわれ」だと。それは、私、私、私と言い続ける、自分への執着だった。

心配、不安、悲しみ、不満、怒り、孤独感はすべて、思考が執拗に自分自身を中心にして回っているることから生じる。この気づきに、体内のすべての神経線維が脈打った。ストレスと不幸から解放される唯一の方法は、自分に対する強迫的執着という呪縛を解くことだ。

この深い気づきによって、「体験している者」としての「私」が完全に消え去ったように感じた。苦しんでいる人も苦しんでいない人も、苦しみを引き起こしている人もいなくなった。家族を救ってくれる誰かを待っているクリシュナジもいなくなった。分離した自己はもういなかった。「私」は無限だった。「私」はプリタジとロカー、そして周りのすべてと一つであるという、大いなるワンネスの感覚を体験していた。「彼らと私」という区別もなくなり、地球と、母なる大地から生まれた私の体との間にも区別がなかった。

私が「私の体」と呼ぶこの肉体を見ると、母や父、祖父母、その両親…という私以前のすべての世代が見えた。太古の昔からの人類を私の祖先として見ることができた。

そこには個別の存在や個別の物、個別の出来事、個別の力はなかった。私は自分の中に、海と空と、その間にあるすべての果てしない広がりを見た。

「私」は宇宙だった。宇宙全体は巨大な一つの有機体であり、すべてのものがそれ以外のすべてでもある一つの大きなプロセスだった。存在するのは一つだけ。神聖なるものだけ。ヒンドゥー教の文化で私たちが「ブラフマン」と呼ぶもの、またはディバイン（神）と呼ぶものだけが存在していた。しかし、私は神を自分とは別のものとして体験していたわけではない。そこには分離はなかった。時間もなかった。

私たちが湖に落ちてから救助隊が到着するまではわずか25分程度に過ぎなかったが、この体験は一生続いているかのようだった。家族が安全な場所へ救助されるのを待つ間、私の中に大きな情熱が目覚めた。自分がたった今体験したことをあらゆる人が体験できるようにしたい。そしてすべての人が解放されるようにサポートしたいという強い願いだった。

自分たちがお互いに分離しているという考えから私たちを解放したい。自分の内側での闘いや周囲の世界との闘いから私たちを解放したい。自分の人生がつまらなくて無意味であると感じる苦しみから私たちを解放したい。悟った意識状態で生きる美しい人生は、すべての人がたどるべき運命だと私はわかっていた。

今、苦しみから出る道を見つけたのだ。その道は明らかだった。

ワンネスキーワード①

ワンネス／ワンネス・ムーブメント
(Oneness ／ Oneness Movement)

ワンネスは、インドのアンドラプラデーシュ州にある悟りのワールド・センター、EKAM（エーカム）を中心としたムーブメントの総称です。人類の悟りをサポートしており、様々な人向けのプログラムを対面、オンライン両方で提供しています。エーカムは大理石で作られた巨大な白亜の建造物で、8000人が同時に瞑想できます。インドの風水であるヴァーストゥや、様々な古代神聖幾何学に基づいて建てられています。本書では、最高次の意識状態として「ワンネス」の意識状態という用語も出てきます。こちらは、すべてが一つであるという体験や、その意識状態から機能する生き方を意味しています。

ワンネスキーワード② 旅、旅路（Journey）

ワンネス・ムーブメントでは、二つの意味で「旅」という言葉を使っています。一つ目は、内側に向かうことです。内側に向かうとは、その瞬間に生じている思考や感情に気づきを持ったり、様々な形で自分の思考や感情の振り返りを行ったりすることです。例えば、今、誰かに腹を立てたとします。その際、相手を責めたり状況説明で自分を納得させたりするのは、外側に注意が向かうことです。内側に向かうとは、一度、立ち止まり、なぜ自分が怒っているのか、どんなジャッジをしているのかと自分の奥へと辿っていくことです。これが内側に向かう旅です。もう一つの意味は、一般にはセミナーやプログラムと言われるような言葉に対する代替用語です。「ワンネスのプログラムはコースでもなく、ワークショップでもない」と言われるのですが、頭で情報を集めるのではなく、様々な気づきを伴いながら進化を続ける旅という意味です。一度学んで資格を取ったら終わりというものではありません。本書では、文脈によって旅、または旅路と訳していますが、どんな旅も、その過程は人によって異なる体験であり、誰とも比べられません。悟りの旅は、どこかで終わるものではなく、一生続く旅となります。

ワンネスキーワード③　探求者（Seeker）

ワンネスでは、提供しているプログラムに参加する人々を総じてシーカーと呼んでいます。これは日本語では、探求者、求道者《ぐどうしゃ》と訳されます。本書では探求者に統一しました。探求者は、自分の道を求める人々であり、スピリチュアルな探求をする人です。宗教的な「信者」ではないという意味も含んでいます。

第1章

第1の神聖な鍵

スピリチュアル・ビジョンを持って生きる

Byシュリ・クリシュナジ

今からあなたは、パワフルな意図と共に、変容を促す「4つの神聖な鍵」の旅に入ります。

ここで、一度立ち止まりましょう。


目を閉じます。

3回、深呼吸をしましょう。


自分の心の中で、以下の言葉をゆっくりと繰り返しましょう。

「私が求めている答えが見つかりますように」。

「私にとって必要な解決策を発見できますように」。

「私の人生が素晴らしいものでありますように」。

ありがとうございます。

今、あなたは意図を込め、旅の準備ができました。
この意図は、あなたが愛や安らぎ、繁栄を実現することを助けてくれます。

あなたの旅が素晴らしいものでありますように。

ワンネスキーワード④ 立ち止まる（Pause）

ワンネスでは、私たちがストレスに満ちた状態にあるとき、自分が何をしているか、感じているかに気づきのない無意識の中に生きていると言われます。気づきのない状態にいることで、思考のスピードが加速し、頭の中のおしゃべりは増大し、ストレスはさらに強くなります。「立ち止まる」とは、このようなストレスに満ちた状態から、まず呼吸に注意を向けることです。呼吸がゆっくりになると、マインドの動きがゆっくりになります。すると、マインドに注意を向けやすくなり、内側の状態に注意を向けることができます。

これまで、様々な文明や宗教、文化が生まれては消えた。しかし、悟った意識状態への探究心は、歴史を通して全人類の中に続いている。壮大な意識状態を体験したいという情熱は、あらゆる宗教、人種、文化を超えて存在しているのだ。全力で生きたい、深くつながりたい、完全に愛したいというスピリチュアルな情熱は、私たちが意識するかしないかに関わらず、地球上のすべての人間の核心にある。

悟った意識状態は、様々な形で体験される。純粋な至福、理由のない愛、静かなる勇気、静寂のプレゼンス（存在）などだ。ただ一般に、悟った意識状態の探求は、ヒッピーや隠居した人など、社会の様相に無関心な人や、人生に幻滅した人だけが興味を示すと思われてきた。悟った意識状態は人生の最後に探求されるもののように、時代を超えて捉えられてきた。

しかし、プリタジと私はこの点を明確に分けている。私たちは、この仮定ほど真実からかけ離れたものはないと信じているのだ。私たち自身の人生がそれを証明しているだろう。プリタジと私は人生に対して熱心に取り組んでいる。私たちは夫婦であり、ひとり娘の親であり、両親の健康と幸福にも積極的に気を配っている。私たちは悟りのための壮大なセンターを運営し、世界中から多くの人々が私たちのもとに学びに来る。その中心であるエーカムでは、弟子たちだけでなく若いボランティアたちのトレーニングをし、開催するプログラムをデザインし、上級コースを私たち自らメンターとして教えている。

さらに、私たちは巨大な慈善団体も設立し、エーカム周辺の1000以上の村にいる50万人以上の村人たちの生活に影響を与えてきた。インドの様々な学校や大学で私たちのコースを受講した数知れない若者たちの人生に、有益なインパクトを与えてきた。また、幾つものグローバルビジネスを立ち上げ、近年ではその領域の先駆者として、指導者として、その役割を果たしてきた。

私たちは何をするにも深い充実感を感じ、成功を収めていると言っても過言ではない。私たちを外から眺めている人々の多くが、私たちが何を使ってこれほど多くのことを達成させているのか不思議に思っているだろう。

私たちは、私たちの意識のパワーのなせる技だと言っている。

実のところ、あらゆる人間は、限界を持つマインドも自分の肉体も、はるかに超えた存在だ。私たちは永遠の存在なのだから。

意識のパワーに目覚めるほどに、あなたはパワフルになる。宇宙はさらにあなたを助け、人生は奇跡に満ちたものになる。

これこそが、これからあなたに伝えていく神聖な鍵だ。あなたが問題の解決策を模索していたり、願望の実現を求めていたりするなら、自分の意識のパワーに目覚める必要がある。

私たちがこれからあなたと分かち合おうとしている内容は、あなたの意識をパワーアップさせ、ハートからの願いが叶うようにするだろう。この4つの神聖な鍵は私たち2人の人生から導き出されたものであり、私たちが教えてきたすべての人々の人生においてもその役割を果たしてきた。だから、今、ハートを開いてほしい。これらの神聖な鍵を読んで吸収するだけでも、人生の流れが奇跡へと向かっていくのがわかるはずだ。

では、最初の神聖な鍵を発見してほしい。

第1の神聖な鍵

スピリチュアル・ビジョンを持って生きる あなたはどちらの状態《ステート》から生きている？

Byシュリ・プリタジ

今から話す寓話は、あなたを第1の神聖な鍵の理解に導いていく。ゆっくり読んでほしい。

あるところに、イェスミとノーミという二人の僧侶がいた。二人はその日、近くの村での説教を終え、自分たちの住む寺に帰ろうとしていた。その道の途中、二人は川を歩いて渡らなければならなかった。川に足を踏み入れようとしたとき、近くで女性のすすり泣く声がした。

イェスミはその女性に近づき、なぜ泣いているのかを尋ねた。

「私は、川向こうの村で待っている幼い子のところに帰らなければなりません。でも、川が増水してしまったために家に戻ることができないのです」と彼女は言った。子供が自分の名前を呼んで一晩中泣き明かすだろうと思い、辛い気持ちになっていたのだ。

イェスミは彼女に手を貸すことを申し出た。そして、彼女を背負って反対側の川岸へと運んだ。彼女は彼に感謝し、二人の僧侶は寺へ向けて再び歩き始めた。

長く気まずい沈黙が続いた後、ようやくノーミが口を開いた。彼はイライラした口調でこう言った。「あなたは自分がしたことの深刻さを理解していますか？」。

イェスミは微笑んで「わかっている」と言った。

ノーミは続けた。「私たちの師が『絶対に女を見るな』と言ったのに、あなたは女に話しかけたのですよ！　私たちの師が『絶対に女に話しかけるな』と言ったのに、あなたは女にふれました！　私たちの師が『絶対に女にふれるな』と言ったのに、あなたは女を運んだのです！」。

イェスミは静かに答えた。「確かにそうだ。しかし私は30分前に彼女を降ろした。まだ彼女を抱えているのはお前ではないのか？」。

この物語の中の二人の僧侶は、私たち誰もが経験する2つの内側の状態《ステート》を象徴している。

私たちは人生のあらゆる瞬間に、苦しみの状態か、苦しみのない状態かのどちらかを生きている。苦しみのない状態を「美しい状態《ビューティフルステート》」と呼ぼう。苦しみがないとき、私たちは人生を美しいと感じるからだ。

「苦しみ」という言葉にピンと来ない場合は「ストレス」という言葉に置き換えてもいい。一般的にストレスとは緊張のことを指すが、怒り、恐れ、孤独、イライラなどもストレスに満ちた状態だ。「苦しみ」という言葉には、これらすべてが含まれる。

美しい状態《ビューティフルステート》には、穏やかさ、つながり、情熱、喜び、活力、内なる安らぎが含まれる。私たちが美しい状態《ビューティフルステート》にないとき、私たちのデフォルト（初期設定）の状態はストレスや苦しみだ。

私たち自身の生活や周囲の世界で起こっているあらゆる出来事を見てみると、これら2つの状態のいずれかが原動力になっていることがわかる。戦争か平和か、中毒か社会的な調和か、やり抜く力か失敗か、優しさか残酷さか、政治における協調か腐敗か、そして幸せな子供たちか問題を抱えた世代か。あらゆる表現の背後には、苦しみの状態か美しい状態《ビューティフルステート》か、がある。

それでは、先ほどの昔話に戻ろう。イェスミが美しい状態《ビューティフルステート》を象徴し、ノーミがストレスに満ちた状態や苦しみの状態を象徴していることを念頭に置いてほしい。

ノーミはマインドの中に、現実には存在していない想像上の問題を作り出し、それを解決しようとしてストレスを感じ続けていた。イェスミは実際に起きている目の前の他者の問題を解決した後、すぐ穏やかに歩みを進めた。

ノーミは出来事の前も、出来事の最中も、出来事が終わった後もイラ立っていた。彼の内側の動揺は、物事を複雑にさせ、非論理的な行動をとらせた。

イェスミは行動の最中に、完全にその瞬間を生きていた。そして、ひとたびその行動が終わると、その状況から離脱するあり方も、完全《トータル》なものだった。美しい状態《ビューティフルステート》にあると、過去に対して強迫的に反芻《はんすう》することもなく、未来に対して不安になることもない。私たちは内側のシンプルさと、注意散漫にならないマインドの明晰さを体験する。私たちは、今この瞬間につながっているのだ。

ノーミが混乱していたのは、ストレスに満ちた状態による分離感の中にいたからだ。私たちがノーミのような体験をするとき、喜びに満ちた人々の中にいても、自分はそこにいないかのような感覚に陥《おちい》る。親しい友達と一緒にいても孤独を感じる。

イエスミの内側の状態は違う。彼はその時、その瞬間を体験していた。彼はまた、ノーミのストレスも感じ、賢明な問いかけによってノーミが苦しみから出るのを助けようとさえした。

私たちが美しい状態《ビューティフルステート》にあるとき、私たちは自分自身を助けるだけでなく、他者を助けられる賢明さがある。私たちの行動は確信がありパワフルなものになる。

私たちは皆、イエスミになる時もあれば、ノーミになる時もある。私たちは皆、ストレスを抱え、他者とのつながりを絶った中で生き、自分の人生と他者の人生に混乱をもたらしてきた。私たちはまた、つながりという美しい状態《ビューティフルステート》の中で生き、世界と自分の幸福に貢献することもした。

長年、私たち二人は意識について観察し、人生の中で意識状態がどう現実化するかを見てきた中で、そこに繰り返されるパターンがあることに気づいた。間違いなく、苦しみは破壊的であり、美しい状態《ビューティフルステート》は活力や生命力を与えるのだ。

人が苦しみの中で生きるほど、人生は絡み合った網のようになり、そこから逃げ場がなくなってしまう。困難は数を増し、混乱は増大し、混沌は深まっていく。人生は終わりのない戦いになる。

私たちがフラストレーションや失望感、嫉妬、憎しみなどの苦しみを放置したままにすると、人生全体が歪んだようになる。私たちは自分の家族と闘い、職場で闘い、政府と闘う。苦しみの状態にあるとき、私たちは宇宙のすべての勢力が自分に敵対しているように感じる。どのような決断を下し、どのような行動をとったとしても、人生は大きな混沌に向かって進んでいく。

一方で、美しい状態《ビューティフルステート》で生きていると、魔法のようなシンクロニシティが起こり始めることも数え切れないほど見てきた。この「シンクロニシティ」とは何なのかと疑問に思う人もいるだろう。シンクロニシティとは意味のある偶然の一致のことだ。それらは、あなたの願いに一致するように起きる、あなたにとって有利で調和のとれた出来事だ。

シンクロニシティが起きると、ランダムに動いているように見えた宇宙が、あなたのハートからの願いに応えるように規則的にパターンを整えて、あなたを応援しているようにさえ感じられるようになる。美しい状態《ビューティフルステート》にあると、私たちはクリエイティブになり、自分の抱える課題に対して驚くような解決策を生み出す。傷ついた人間関係は癒され、あなたをサポートする人間関係が新たに作られる。私たちの思考は明晰になり、知力は鋭くなり、マインドは安らかになる。私たちのハートはつながりの空間へと入る。

美しい状態《ビューティフルステート》という概念が、あなたにとって意味がつかめないように感じたり、正しく理解できたか自信がなかったりする場合は、美しい状態《ビューティフルステート》とは様々に豊かな体験を意味すると覚えておいてほしい。それは静けさ、幸福、感謝、愛、または勇気として始まるだろう。

美しい状態《ビューティフルステート》の本質は、葛藤した内側のおしゃべりがなくなり、今この瞬間を生き、周囲の人々との豊かなつながりが生まれることだ。あなたがさらに進化すると、安らぎや静けさ、慈悲、喜び、恐れのない状態などの超越的な状態に目覚めていく。これらの状態では、あなたは人生に対して流れるように生きる。

あなたは、万物の真の姿はワンネスであり、相互につながり合っていることへと目覚めている。あなたの状態がパワフルになればなるほど、意識のフィールドにインパクトを与えることが簡単になり、願いを実現しやすくなるのだ。

ワンネスキーワード⑤ 内側の状態（Inner state）

ワンネスでは、私たちが物事を体験する方法として「外側の世界」と「内側の状態」を分けています。外側の世界は、私たちが見たり聞いたり五感で体験するものです。内側の状態とは、今の思考や気持ち、感情です。

ワンネスキーワード⑥ マインド（Mind）

日本語翻訳では「心」とは訳さず、そのままマインドとして用いています。ワンネスでのマインドの定義は思考のプロセスそのものであり、数知れない考えや物の見方、概念、見解、信念、過去からの条件付けなどすべてが含まれるからです。基本的に人間はマインドを、思考を通して体験します。

言葉を紐解く

Byシュリ・クリシュナジ

完全《トータル》に生きるためには、死の恐れを終わらせなければならない。
完全《トータル》に愛するためには、失望感を解消しなければならない。
美しい状態《ビューティフルステート》を体験するには、苦しみに対する鋭い気づきを持ち、苦しみから解放されなければならない。

これまでの段階で、私たち2人が「苦しみ」をどう定義しているかを少しずつ理解し始めたのではないだろうか。

簡単に言えば、「苦しみ」は不快な感情的体験を意味し、その範囲は多岐にわたる。最もマイルドで、気づかれないままになりがちな苦しみの体験は、ちょっとしたイライラや心配、失望感だ。それにふけったままでいると、その感情は大きくなり、怒りや不安、悲しみという第2段階に移行する。それらを解消する方法を学んでいない場合、激怒や復讐心、パニック、鬱に発展する可能性もある。それらを放置してしまうと、危険なほどに強迫的で妄想的な執着になっていくのだ。

あなたがどのレベルの苦しみにハマりやすいとしても、苦しみを放置すると大きなダメージになると認識することは絶対不可欠だ。苦しみの状態こそが、あなたの夢の最大の破壊者なのだから。

苦しみという言葉の意味を真に理解できるように、もう一つの重要かつ馴染みのある言葉についても探求しよう。それは「問題」という言葉だ。この言葉を紐解くことから始めよう。

「問題」とは、一体何だろう？

「苦しみ」と「問題」の最大の違いは、「苦しみ」は内側での体験であるのに対し、「問題」は外側で起きている出来事だ。「問題」の内容は、小さな不都合から非常に大きな困難まで、多岐にわたる。ただし、その問題にどう対処するのかの選択は、あなた次第だ。つまり、苦しみの状態から対処するのか、美しい状態《ビューティフルステート》から対処するのか、あなたが決めることができる。

武道の練習中に靭帯断裂して、計画していた冒険旅行に行けなくなったらどうするか？ 数カ月間の準備が無駄になるだろう。これは「問題」だ。

または、あなたは失業してしまった。家族の面倒を見ることも、請求書を支払うこともできない。あなたは住んでいる家を立ち退かなければならない。これは深刻な結果を伴う「問題」だ。

そして、高齢の親が重篤な病気を発症し、あなたが24時間体制で介護しなければならないとしたら、どうなるだろう？ 親は実家を出たくないと言い、あなたが故郷に戻らなければならないとしたら、どうなるだろう？ 素晴らしい仕事のオファーが来ていても断念しなければならないとしたら、どうなるだろう？ これもまた、「問題」であり、試練だ。

ただ、出来事が今後どのように展開するかを決める大切な要素は、どちらの意識状態《ステート》からこれらの試練や問題に対処するか、なのだ。このような試練や問題をよく観察すると、それらが人間だけでなく植物や動物など生命のあらゆる側面に現れていることに気づくだろう。嵐が来れば、たくさんの植物や木が根こそぎにされ、その多くが枯れてしまう。野生の動物が縄張りを失うと、食べる獲物にも事欠いてしまう。予期せぬ脅威のために、動物たちは住処《すみか》を捨てて、立ち去らなければならないこともある。

2010年に私のチームが動物ドキュメンタリー『タイガークイーン』を制作していたとき、人間の抱える問題が野生の虎の抱える問題とどれほど似ているかに気づいて衝撃を受けた。このドキュメンタリーの中では、マクリという名前の巨大なメスの虎が登場する。マクリは自分の娘に縄張りを奪われ、豊かな土地から去ることを余儀なくされる。最終的に、彼女はジャングルの中のあまり獲物がいない場所へと退却していく。

幸いなことに、マクリは私たち人間と同じようには考えない。もし彼女がそうしていたら、タイガークイーンは残りの人生を鬱になって過ごすだろう！

試練は人間だけのものではない。しかし、試練をどう体験するかは、一人ひとりによって異なる。失業したら、あなたは一日中ベッドから出ず、自分はダメな人間だと思い続けるだろうか？それとも、チャンスへの新たな扉が目の前に開かれていると感じられるだろうか？　もしあなたの住む場所が地震や津波に襲われたら、その後も再び悲劇が起こるのではないかという恐怖や無力感の中で暮らすだろうか？　それとも人生を立て直すために努力して、穏やかな状態や情熱の状態からあなたのコミュニティをサポートするだろうか？　何が私たちに、人生への対応を選択させるのだろう？

それは、私たちの内側の状態だ。

私たちは誰でも、人生の中で試練に直面する。そして私たちの多くにとって、その試練は貧困や政治的不安定、組織の運営方針の変更や自然災害等によってさらに悪化する。ワンネスで学ぶ人々は、様々な社会経済的背景にあるが、大きな悲劇に直面しても人生にさほど影響を受けなかった人もいれば、戦争や病気によって人生が粉々になってしまった人もいる。

しかし、私たちはあらゆる形の人生を歩んできた人々が苦しみを乗り越え、美しい状態《ビューティフルステート》で生きることを学ぶのを見てきた。それだけではない。美しい状態《ビューティフルステート》でいることのパワーはあらゆるバリアを取り除き、人々に新しい扉を開かせる。彼らは試練を克服し、困難な問題に対しても創造的な解決策に開かれていく。

しかし、自分の意識の本当のパワーを見つけるには、あなたが自分の進むべき道を歩んでいく必要がある。そしてこの道の最初の一歩として、重要な選択をしなければならない。それは、たとえ一日であっても、苦しみの中で生き続けることに「ノー」と言い、内側の美しい状態《ビューティフルステート》で生きることに「イエス」と言うことだ。

あなたはそのコミットができるだろうか？

そのような人生が可能であると想像できるだろうか？
苦しみの状態で過ごせば無駄な人生となり、美しい状態《ビューティフルステート》で過ごせば真に生きる人生となる。

「スピリチュアル・ビジョン」とは何か？

基本的に、人生には二つの側面がある。それは、「行動（doing）」と「在り方（being）」だ。「行動（doing）」は、私たちが成功を得るために行うすべてのことが含まれる。例えば、誰かに連絡をしたり、人間関係を築いたり終わらせたり、新しい生活習慣を取り入れたりする。「行動（doing）」は私たちが外の世界に対して見せる顔であり、多くの場合、私たちが最も重視する側面だ。

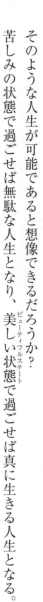

一方、「在り方（being）」とは人生をどう体験しているかだ。たとえば、会議に参加するとき、あなたは顔に笑みを浮かべているかもしれない。自信があることを他人に示すためには、そうしなければならないと知っているからだ。しかし建前はそうでも、あなたの内側ではまったく別のことが起きている。恐れを感じたり、緊張したり、自分は不釣り合いな場所にいると思っているかもしれない。

現代社会では、「行動（doing）」ばかりが重視され、自分たちの内側の「在り方（being）」には注意を払っていない。内側での体験を美しいものにすることを人生の最優先事項にしている人は稀だ。むしろ、多くの人々はキャリアや業績、容姿や社会的地位、経済的安定が最重要であるかのように生きている。

「行動（doing）」に執着して「在り方（being）」を完全に無視すると、私たちの人生には深刻なアンバランスが引き起こされ、人生に生じる予期せぬ障壁という深い渦に引きずり込まれる。

全米ベストセラーとなった『こころのチキンスープ』シリーズの共著者の一人であるジェニファー・リード・ホーソン氏によると、ほとんどの人は平均して1日に一万二千〜六万回の思考を持ち、その思考の大部分は同じ思考の繰り返しだという。そして、驚くべきことに、私たちの頭の中のおしゃべりの80％はネガティブなものだそうだ。

つまり、ほとんどの人は平均して80％の時間を無意識に苦しみの状態で生きており、美しい《ビューティフル》状態《ステート》で生きているのはたった20％なのだ。真に生きるためには、この比率を逆転させる必要がある。20％が徐々に40％、50％、60％、70％、80％以上…と増えて、ほとんどの時間を美しい状態《ビューティフルステート》で暮らす必要がある。そのような意識状態から生きる人生がどれほど美しいものになるか想像してみてほしい！

第1の神聖な鍵は、それを実現できるようにデザインされている。つまり、スピリチュアル・ビジョンを持つことによって、あなたは自分の内側の世界を変えることができる。スピリチュアル・ビジョンのパワーについての理解を助けるために私の個人的な体験をシェアしよう。

11歳での最初のスピリチュアルな体験以来、壮大な悟りの意識状態は私に訪れ続けた。不思議なことに、これらの体験は私の遊び心や楽しみを妨げたりはしなかった。私が19歳になった頃、増え続ける探求者のためのセンターを作りたいという情熱を強く感じていた。今、あの時代を振り返ってみると、私は単なるセンターを作りたかったのではないことがはっきり思い出せる。私は、そこに足を踏み入れる人なら誰でも悟りへ向かえるように支援しサポートするエコシステム全体を作りたいと思っていたのだ。

私はこのプロジェクトについて両親の承認と祝福を求めた。私の父は、人類の意識に影響を与え、人々を目覚めの意識へ導く場所を作るビジョンを持っていたからだ。

私のビジョンも定まっていた。私が体験していたことを皆が体験できるような、この世のものとは思えないような建造物を作りたかった。私はそこを訪れた人々の意識にインパクトを与えるだけでなく、人類の集合意識にもインパクトを与える建造物を建てたいと考えていた。

私は大きな興奮と共に、このプロジェクトを突き進めた。意図を描いてから一カ月も経たないうちに、プロジェクトの開始に必要な人材とリソースが私のもとに集まり始めた。私たちの周りには大小様々なシンクロニシティが起こり始めた。

最初のシンクロニシティは、神聖な建造物について大昔から伝わる神秘的設計原理を知っている建築家を見つけたときだった。

2つ目は、この神聖なビジョンを実現できる魔法のような土地を見つけたときだった。森の中央にあった44エーカー（訳注　約53，863坪。東京ドーム4つ分ほどの広さ）の敷地は、信じられないほど美しい山並みの麓に位置し、素晴らしいエネルギーを放射していた。私は、のちにエーカムとなったその神聖な場所でプロジェクトを執行する建設会社として、Larsen&Toubro社を選んだ。エーカムは184平方フィートの聖域を持つ巨大な3階建ての大理石の建造物となった。私は、今後数千年にわたって存在し、人類の意識に影響を与える神秘的驚異といえるものをクリエイトしたかったのだ。今日、エーカムはワンネス・ムーブメントの中心に宝石のように建っている。

プロジェクト開始から4カ月後、国の森林局から通知を受け取った。「あなたには、進行中の当該プロジェクトの現場にアクセスする権利がありません。あなたの土地は国有林の中央部にあるためです」とあり、即時の工事中止通告だった。すべての建設車両が敷地内に入るのを阻止された。

私はショックを受けた。政府の担当各局から建設工事に関わる許可はすべて得ており、建設計画も承認されていたからだ。敷地の周囲には道路がすでにあったために当然アクセスできると思っていたが、住宅都市開発局は私たちにはその権利がないと知らせるのを怠っていた。

一方、建設会社は、建設従業員と設備のすべてを集結させているため、このままではコストが大幅に超過するだろうと私に言ってきた。工事が進まないまま、請求額は急激に膨れ上がりつつあった。担当局に何度も問い合わせをしたが、答えは同じだった。インドには非常に厳しい森林法があるため、国有林の中心に建物を建てる許可を得るのは不可能ということだった。裁判をしても5〜6年はかかる見込みだった。

危機的な現実の中で、私は苦しみの状態に屈しないというスピリチュアル・ビジョンを揺るがず持ち続けた。私は知っていたのだ。エーカムというビジョンは、私たちの誰よりも壮大だということを。私には、この神聖な場所が何百万もの人々を目覚めさせ、意識を変容させ、悟りに導くという確信があった。だから、それは完成させなければなければならなかった。

信じられないほどパワフルな意識状態が私の中で広がり始めた。私の意識の中で、このプロジェクトがすでに出来上がっているのを目撃した。過去や未来の間で気持ちが揺れることは全くなかった。エーカムは現実化するとわかっていた。

私のチームは国有森林局から道路使用許可を得るために熱心な努力を続けた。そして、魔法が起きた。90日も経たないうちに、私たちの申請は20以上の担当局を通過し、様々なレベルの承認を得た。早い話が、私たちは道路使用の許可を得ることができたのだ。このようなことは間違いなく異例であり、これまでにないことだった。さらに重要なことは、私が物事を無理に進めようと焦って右往左往した結果ではないということだ。

私はスピリチュアル・ビジョンにしっかりと根ざし、悟りの意識状態からプロジェクトを指揮した。今日あのシンクロニシティから20年以上が経ち、同じ道路を通って何千人もの人が毎日エーカムを訪れ、個人と世界の悟りに向けて働きかけ、世界平和のために瞑想をしている。

これは私の人生において、スピリチュアル・ビジョンに根ざすことで信じられないような出来事が起きた数多くの体験のうちの一つにすぎない。スピリチュアル・ビジョンを持つことと、目標やゴールを設定することは同じではない。ゴール設定は、未来志向であり、私たちが人生において立てる計画であり、希望だ。一方、スピリチュアル・ビジョンは、どこかに向かおうとするものではない。目的地はないのだ。

スピリチュアル・ビジョンとは、あなたが様々な目標を達成する過程で、どの「在り方」から生きるのか、あなたの内側の状態を選択することを指す。

だから、スピリチュアル・ビジョンはすべてのビジョンの母であると言える。例えば、あなたが親になりたいというビジョンを持っているとする。親であるとは役割であり、親という「行動」を意味する。しかし、親としてのあなたの日々の内側の状態はどのようなものでありたいだろうか？

親という役割を果たす際に、混乱やフラストレーション、罪悪感を抱えたままにしたいだろうか？　それとも、つながりや明晰さという美しい状態《ビューティフルステート》で生きながら、親の役割を果たしたいだろうか？　あなたは幸せな親になりたいだろうか？　満足感にあふれた親になりたいだろうか？　感謝心に満ちた親になりたいだろうか？

そのような「在り方」を求めることに、あなたは情熱を持てるだろうか？　仕事での成功を求める過程でも、美しい状態《ビューティフルステート》から生きるという情熱を持てるだろうか？　それとも、外側の世界で何を行うかという「行動」だけを重要視しているだろうか？

もう一度、思い出してほしい。あなたにとって最も重要な決断は、「どちらの状態《ステート》から日々を生きたいか」だということを。

あなたはどちらの状態から自分の運命を切り拓きたいだろう？

「苦しみを解消し、美しい状態《ビューティフルステート》で生きる」と強くフォーカスされたスピリチュアル・ビジョンを毎日2分間でも抱くことができたら、あなたの脳の前帯状皮質と前頭葉への血流が増加し、頭の中にある不要で感情的なおしゃべりは減っていく。

魔法の実践「ソウルシンク瞑想」

Byシュリ・プリタジ

第1の〝人生の旅〟の章に入る前に、これまでに話してきた美しい状態《ビューティフルステート》に目覚めるための強力なツールを紹介したい。私はこのソウルシンクを瞑想以上の実践としてデザインした。これは、様々な文化背景からワンネスで学びを続ける人々が毎朝行なっている神聖な実践だ。ソウルシンクによって、美しい状態《ビューティフルステート》で一日を始め、意識の無限のパワーを引き出し、ハートからの意図を実現するのだ。

ソウルシンクは科学的であると同時に神秘的でもある。まずはその神秘的な側面を探ってみよう。現代の神経科学が出現する数千年前、古代インドの賢者たちは意識科学の先駆者だった。彼らが発見したことは、現在の脳科学者たちだけでなく、考え方、感じ方、人生の体験の方法を変容させようとしている人にとっても非常に興味深いものだろう。

古代の賢者たちは、今の私たちの常識や理解を超えた拡大意識の状態について語っていた。彼らはその意識状態の源となる場所をブラムハガルバ、つまり「無限の意識の子宮」と呼んでいる。これは現代脳科学で言う脳の松果体、脳下垂体、視床下部軸にあたる領域だ。

ソウルシンクの実践を通して意識のこの領域を活性化すると、ハートからの意図が思考のバリアを突破するほどパワフルになって物質の世界に入るということを、私たち2人は経験から知っている。

ソウルシンクの後、あなたは宇宙と新しく個人的な関係性を確立したように感じるだろう。そして、宇宙はそれ自身を再構成し、あなたがシンクロニシティを体験できるようにする。人生は奇跡的な転機を迎え、壮大な運命へと向かっていく。

あなたの求めるものは、経済的安定や大切にし合える人間関係、有意義なキャリア、スピリチュアルな体験に深く入ること、または宇宙とのつながりを強めることなど様々だろう。それが何であっても、魔法を生み出すためにいつでも頼りになる瞑想としてソウルシンクを活用できる。ソウルシンクの手順は次のとおりだ。

魔法の実践「ソウルシンク瞑想」の基本型

素晴らしいソウルシンク瞑想にようこそ。ソウルシンク瞑想は、単なる瞑想を超えた実践としてデザインされています。約10分間のこの瞑想は、呼吸法、音の振動、観察、視覚化の流れるようなシークエンスによって構成されています。ソウルシンク瞑想は、あなたを美しい状態《ビューティフルステート》へと導き、ハートからの願いを叶えるように無限の意識のパワーを引き出します。この短い瞑想を毎朝行うことによって、1日を通して魔法にかかったような気分になるでしょう。

【姿勢】
居心地の良い椅子やクッションの上に座ります。手のひらを天井に向けて太ももの上に置き、親指で他の指にふれながら呼吸を数えます。

まず、人差し指から始めて、中指というように8回数えましょう。お子さんと一緒に瞑想する場合は、呼吸のカウントを4回に短縮できます。

【ソウルシンクの効果】

ソウルシンクを行うと、葛藤を引き起こしている脳内化学物質の活動が静まり、くつろぎと穏やかさという美しい状態《ビューティフルステート》に移行できます。

【第1ステップ】

深く息を吸って、ゆっくりと息を吐くことから始めましょう。1つの呼吸が終わって、次の呼吸に移るとき、指で数を数えましょう。頻繁に雑念が湧いてくるのは、自然なことです。注意を呼吸に戻して、カウントを続けましょう。

この最初のステージが終わる頃には、副交感神経が優位となります。まず呼吸によって迷走神経系が活性化されます。迷走神経は脳から出て心臓、肺、消化管へとつながる長く曲がりくねった神経系です。その迷走神経系を活性化することで、自律神経系全体が静まっていきます。あなたの脈拍はペースを落とし、血圧のバランスが整います。消化器系も活性化します。

呼吸のたびに指で数を数えることについて、アンドリュー・ニューバーグ博士とマーク・ロバート・ウォルドマン博士の研究によれば、意識的に指の動きを繰り返すと脳の運動中枢と調整中枢が強化され、脳全体の効率が向上するとされています。それらは記憶形成と記憶想起を促進します。

【第2ステップ】

深く息を吸って、息を吐きながらハチの羽音のようなハミングの音を出しましょう。息が楽に続けられるまでハミングの音を出します。

その音に完全に注意を向けると、くつろぎが深まっていきます。

無理に息を吐き続けないでください。このステージでも8回呼吸をします。ソウルシンクのこのステージを行なうと、睡眠の質が向上し、血圧が安定します。

【第3ステップ】

8回呼吸をしながら、吸う息と吐く息の間の小休止を観察します。

息を吸って、息を吐くとき、吸う息の後、吐く息が始まる直前に自然に生じる、ほんのわずかな小休止があります。この小休止を観察しましょう。最初はわからないかもしれませんが、一度、この小休止に気づくと、あなたの思考のスピードがスローダウンしていきます。無理に小休止を作ろうとして息を止めたり、小休止を長引かせたりしないでください。あなたの呼吸は、自然で楽なものにしてください。

【第４ステップ】

瞑想は、穏やかさから拡大意識の領域へと入ります。次の8回の呼吸では、息を吸って、息を吐きながら、心の中で「アーハム（Ah-hum）」と唱えます。これは、古代の言語であるサンスクリット語で「I AM（私はある）」または「私は無限の意識である」という意味です。

【第５ステップ】

あなたの体が、光へと変容していくのをイメージする、又はそれを感じましょう。床も、テーブルも、あなたの周りの人々も、すべてが一つの大きなエネルギーのフィールドへと拡大していくとイメージしましょう。

意識のフィールドでは、すべてがつながり合っています。分離した物体も、分離した人も、分離した出来事もありません。あなたとすべてが一つのフィールドとして存在しています。あなたがこれまで会った人、これまでに存在した植物や動物、あなたのあらゆる希望も夢も、これまであなたが見たもの、感じたもの、聞いたもの、知ったもの、考えたことや想像したこと、すべてが一つです。そこには分離や分断はありません。このフィールドでは、思考と物質は一つです。願いと現実は一つです。

【第6ステップ】

無限の光の広がりにひたった後は、あなたのハートからの願いが今この瞬間に起きているとイメージする、又はそれを感じましょう。

例えば、大切な誰かとの関係性を癒したいと願っているなら、このステージで、その関係性が修復されたときにあなたが感じる喜びを感じ、イメージします。

または、新しい仕事に就きたいと願っているなら、自分がその仕事をおこなっているとイメージし、それを感じます。自分の夢や希望を生きているときに感じる状態を、ここで体験します。

少しの間、このスペースに浸《ひた》っていましょう。準備ができたらゆっくりと深呼吸をして、目を開けてください。

【ソウルシンクを行なう時間帯】

多くの人は、目覚めてすぐにソウルシンクを実践します。ただし、いつ行っても良いのです。重要な決断を下す前に行う人もいます。疲れた一日の終わりにリラックスしてストレスを解消するために行う人もいます。あるいは、イライラした状態に陥《おちい》っていると気づいたときに行う人もいます。

ソウルシンクは、一人でもグループでも実践できます。従業員の気持ちを落ち着かせるために、仕事を始める前の朝の時間にソウルシンクを行う企業もあります。ビジネスを共に行うチームのメンバーでソウルシンクを行って共通の目標を意図し、それを達成するための集合的パワーを活用するグループもいます。

少なくとも毎日一回は実践することをお勧めしますが、自分を制限しないでください。一日に5回実践する人もいます。

また、実践の際には、決して急がないことをお勧めします。所要時間はわずか9分〜12分ほどです。それでも、実践後は一日を通して魔法にかかったような気分になれます。


ワンネス・ムーブメントで学ぶ生徒で、スタートアップビジネスを立ち上げたばかりの起業家がいる。彼女はソウルシンクをチーム全体の日課にしていた。21日ごとに、チームで共通する意図を新しく定義し直し、その後の3週間はその意図に皆でフォーカスしてソウルシンクを行ったところ、驚くべきことにほとんどの意図が現実化したそうだ。

その現実化の一つを皆さんにシェアしよう。自分たちをサポートする企業が現れるという意図を設定してソウルシンク瞑想を行なっていたある日、彼女たちはビジネスのパートナーシップを求めている某企業の担当者と会った。ブレーンストーミングの後、この企業のCEOは、彼女たちのスタートアップビジネスに対する多額の投資を提案し、コワーキングスペースとマーケティングサポート、および共同ブランド化を提案した。

しかし、彼女を元気づけたのは、たくさんの支援だけではなかった。この一連の体験によって、変容した意識のパワーと、それが自分たちのビジネスに及ぼし得る多大なインパクトを理解したのだ。

「あのCEOが私の目をじっと見つめ、私たちが欲しかったものすべてをただただ提供し続けるなんて、信じられなかったです」と彼女は言った。「いくら意図していたとはいえ、これほど具体的かつ明白な方法で現実化するなんて、最高です!」。

これは、私たちが毎日ソウルシンクの実践者から聞いている数多くのシンクロニシティの体験の1つにすぎない。

本書で私たちは「人生の旅」の章が終わる度にソウルシンクの実践をしていく。読みながら一つひとつの試練を克服し、パワフルな意図を設定していくのだ。

さあ、最初の旅に乗り出す時が来た。

*シュリ・プリタジのソウルシンク瞑想の音源は以下のサイトの無料瞑想から聞くことができます。一部、日本語の音源もあります。
www.breathingroom.com
また、YouTubeチャンネルなどでも無料配信されていますので、左のチャンネルをご参考になさってください。
www.youtube.com/@oneness-japan
www.youtube.com/@EKAM.nirupamaa

第1の人生の旅
傷ついた子供を癒す

Byシュリ・クリシュナジ

多くの人が、自分の殻に閉じこもった挙句、そこから出られずに閉所恐怖症のような息苦しい感覚を抱えて生きている。おそらくあなたもこの痛みの伴う状態《ステート》を体験したことがあるのではないだろうか。

それはまるで、あなたの家にたくさんの人々が押しかけてきて、パーティーを開くと勝手に宣言したようなものだ。しかもただの群衆ではない。招かれてもいないのにあなたの部屋を占拠したのは、これまであなたを不当に扱い、傷つけ、自分であることを恥じさせた人々だ。

彼らはいきなり入ってきて、家具の配置や音楽の選択、あなたがこれまでにしたすべての決断について、一方的に意見をまくしたてる。それも大声で、批判的で、決して立ち去ろうともしない。

あなたは耳障りな批判の攻撃から逃れるためなら何でもしようと思う。しかし、この群衆を無視することは不可能で、最悪なことに酒に酔った彼らはさらに騒々しさを増す。去ってくれと言えば言うほど、ますます騒がしくなる。あなたはどうすればいいのかわからず、立ち尽くしてしまう。

これまであなたは平和と静けさを何よりも愛していた。しかし、不思議なことに、この騒ぎが数時間も続くと、この招かれざる客たちにも慣れてくる。結局のところ、彼らのほとんどはあなたが最も愛した人々だったのだ。あなたの両親、きょうだい、初めての友達…。それでも、彼らが長く滞在すればするほど、あなたは疲れていく。彼らの言葉や意見、アイディアを自分のものと区別することが不可能になっていることにも気づく。あなたは混乱し始める。少しでも気持ちの余裕を持ちたいのに、できない。なんとか批判から離れたいのに、できない。ここを出て、前に進みたいと思いながら、あなたは動けなくなってしまう。

人生は常に前進する大きな川だ。愛やつながり、拡大のための新しい機会を常に私たちに提供する。ただし、私たちがその流れに乗りたいのであれば、過去から自由にならなければならない。その過去こそが、濁《にご》った浅瀬に私たちを縛り付けているものであり、そこにいる限り前進するのは不可能だ。

先ほどのパーティーの例えに戻るなら、私たちのマインドやハートの中に住み着いている招かれざる客たちと和解しなければならないのだ。意識の中で、穏やかさの領域に目覚める必要があるのだ。そして、「お前は愚かで、馬鹿で、価値がない」と言うすべての声を、穏やかに観察する意識状態に入る必要がある。それは、「自分だけが正しくて他人はみんな間違っている」という声に対しても同様だ。

そこに至るには、どうしたら良いのだろう？　それは、私たちの中に生きている「傷ついた子供」を癒すことだ。その子は時間の中で凍りつき、その叫びは騒々しい群衆によってかき消されている。私たちはスピリチュアル・ビジョンを持ち、過去の支配から出ると決める必要がある。自分の内側の氷を溶かし、過去という制約から自分を解放するというスピリチュアル・ビジョンだ。そうすることで、私たちは今この瞬間に存在し、未来に向けて楽に進めるようになる

一度、そのように動き始めたら、同じ場所に戻ることはない。私たちの人生は、海に向かって流れる大きな川のようになる。そして、素晴らしい秩序、幸福、拡大に向かうのだ。

では、始めよう。

例えば、おしゃれなレストランで待っているとき、あなたがつまずいて転んでしまったとしよう。店内は静まり返り、あなたの顔は恥ずかしさで真っ赤になる。おしゃれに見せようと一生懸命努力したのに、少しの失敗でお粗末な実態が明らかになってしまった。「本当は、自分はここに来るような人間じゃない。みんながそれを知っている」と、あなたは感じる。

埃を払って立ち上がっても、転んだことが頭から離れない。肉体的に大した痛みはなくても、精神的な動揺がしばらく残る。そして、人生が次のステージに手招きしても、あなたは混沌とした思考の渦に迷い込んでしまう。頭の中にある葛藤の思考の騒音《ノイズ》に溺れてしまうのだ。

さて、今度は自分が歩き始めたばかりの幸せな子供であると想像してみよう。転んで膝が痛かったら泣くだろう。しかし、肉体的な痛みが消えるとすぐに、別のものに関心が行く。涙が乾く前から、次の体験に向けた準備ができている。まるで転んだ痛みなど、最初からなかったかのようだ。これはハッピーチャイルド（幸せな子供）の喜びという美しい状態《ビューティフルステート》だ。鳥が飛んでも、空に何の跡も残さないのと同じように、過去の痛みの感情が、あなたの中に痕跡《こんせき》を残さない。意識は真っ白な板のようにクリアで、次の体験をする準備ができている。

ハッピーチャイルドも、傷ついた子供も、単なる過去の記憶ではない。私たちが気づいているかいないかに関わらず、自分の中の美しい状態《ビューティフルステート》や苦しみの状態として、今もその子供たちを体験しているのだ。

私たちは皆、人生のどこかの時点で幸せな子供だったことがある。恐れや不幸から解放された状態《ステート》を体験したことがある。ハッピーチャイルドのあなたは、間違いを犯すことを恐れない。自己中心的で惨めな世界にとらわれない。あなたは輝いた笑顔を見せ、喜びに満ちて笑い、自由に泣き、深く愛する。人生はシンプルなものだと感じる。そこに、美しい運命を創造していく静かな確信が現れる。この美しい運命は、絶え間なくアファメーション（肯定的な言葉）を繰り返して念押しする必要などないものだ。仕事や人間関係に対しても中途半端なアプローチや適当さがない。このハッピーチャイルドは、常に明確で無邪気で、喜びに満ちていて正直なのだ！

再生回数が1億千六百万回を超えるほど人気の YouTube 動画がある。その動画には、小さな男の子と母親が愛とクッキーについて会話する様子が収められている。
(https://www.youtube.com/watch?v=E8aprCNnecU)

この男の子は母親に、自分は母親を愛しているが、いつも好きなわけではないと言う。彼が母親を好きなのは、母親がクッキーをくれるときだけと言うのだ。

たとえ覚えていないほど幼かったとしても、私たちは皆、このようなハッピーチャイルドであり、シンプルな意識状態から生きていた。そして、自分に幸福をもたらすと思えるものが好きで、自分に痛みをもたらすと思うものを嫌う。ハッピーチャイルドという美しい状態《ビューティフルステート》にあるとき、自分の感情が正しいか間違っているかは気にならず、感情は私たちのものであり、私たちにとってリアルだった。そのような感情を抱いている自分をジャッジ（批判）することをまだ学んでいなかったからだ。私たちは、ハッピーだった。

では、このハッピーチャイルドの状態《ステート》が消滅する原因は何だろう？　代わりに、どのようにして「傷ついた子供」が現れるのだろう？　もちろん私たちは皆、それを経験済みだ。ハッピーチャイルドが自分に正直な言葉を発した後に何が起こるかを。

大人たちは子供が無邪気で大胆であることを見て笑い、両親や叔父、叔母は善意でこの子に言う。「それは良い子の態度ではないよ」。「良い子は、野菜を食べることや宿題をするのが大好きだし、同じように、いつも親を愛するものだよ」。

善意にもかかわらず、そのような発言は子供の心に疑いや混乱、さらには羞恥心の種を蒔く可能性がある。その後も子供の内側での体験は変わらないかもしれない。今でも、自分の好きなものを食べさせてもらえるときは親が一番好きかもしれない。一番いいおもちゃを持っている他の子に嫉妬したり、学校の勉強が退屈だと感じたりしているかもしれない。

しかし今、彼はその感情を隠すべき恥ずかしいものだと感じている。時を経て子供は成長するが、多くの場合、内なる葛藤を抱えたままだ。このような満たされない思いは、成人に至るまでの自然な過程だと思われがちだ。しかし、この苦しみの状態が実際にはまったく不自然なものだとしたら、あなたはどう思うだろう？　もう一度、喜びという美しい状態《ビューティフルステート》に戻る方法があるとしたらどうしたいだろう？

あなたの本質は何か？

ここで、「ウパニシャッド」から、ある寓話を紹介しよう。ウパニシャッドとは、人生とスピリチュアリティに関する偉大な叡智を集めた古代インドの哲学書のことだ。

あるとき、森で雌ライオンが妊娠した。彼女は陣痛の始まりに加えて厳しい飢えに苦しんでいた。突然、彼女は母羊とその群れが村から森に迷い込んでいることに気づいた。お腹を空かせた雌ライオンは群れに向かって突進したが、その途端に子供を出産して死んでしまった。

　母羊は残された子ライオンを子羊だと思い込み、保護した。そして子ライオンは自分を羊だと思って育った。他の羊と同様にメーと鳴き、草を食べた。兄弟の羊を見て真似をしようとしてはうまくいかず、無能扱いされた。それでも兄弟たちがしていることはすべて自分もやろうとした。木の枝に首を突っ込んで柔らかい葉をかじり、山道を歩いて新鮮な草を食べた。

　しかし、子ライオンが成長するにつれて、大きな悲しみが彼を襲う。彼は、何かもっと違うものになりたいという衝動を感じたのだ。ある日の午後、彼は遠くに他のライオンの咆哮を聞いた。彼は母羊のところへ走って行き、「いつか僕もあんなふうに吠えることができる?」と聞いた。

　さて、母羊は何と言っただろうか?「あれはライオンよ。ライオンは森の王だけど、あなたは単なる羊なの」と、彼女は少しイライラしながら言った。「お前と私は黙っておとなしくしていないとダメよ。これが私たちの人生なの。そんな夢みたいな話は忘れなさい。お前はまだ草をちゃんと食べることすらできないじゃないの。兄弟と仲良くして、ちゃんと成長しなさい」。

　私たちもまた、この寓話と似たような体験をしているのではないだろうか? 何らかの形で、感情的に妥協した人生を送るように言われたことがないだろうか? 恐れや孤独やストレスを感じて生きるのは当たり前で、皆がそんなふうに生きているものだと信じ込まされてきたのではないだろうか? 自分の感情を無視して、目の前の義務さえ果たせばいいと言われてきたのではないだろうか?

子供時代のあらゆる感情的な体験において、両親や、親の役割を果たした人々との関係性が、私たちの自己感覚の形成に最も大きな影響を与える。これらの関係性が、私たちにとって愛や思いやり、共感、つながり、喜びの最初の体験の場となるからだ。

また、これらの関係性は、私たちの最初の拒絶、失望、孤独の体験の場にもなる。そこで得る人生初期の体験は、私たちが習慣的に戻っていく意識状態《ステート》となり、自分自身をどう感じ、どう体験するかに影響を与える。同時に、人生の中で他者をどう体験し、どう関係性を築くかにも影響する。

私たちの中には、素晴らしい両親と共に楽しい子供時代を過ごした人もいれば、辛い子供時代を経験した人もいる。子供が育った環境が全体的にどのようなものであったとしても、小さな拒絶や無視されたという感情は、子供の心に深い傷を残す可能性がある。これらの傷を軽視することはできない。なぜなら子供が傷つくと、その影響は深く刻み込まれ、長い期間残って、傷ついた子供の意識状態《ステート》が出現する土壌を形成するからだ。

時々、私たちは子供時代の怒りや心の傷を、今の人生とはもう関係のないくだらないものとして笑い飛ばすことがある。自分は変わったのだ。子供時代の自分ではない。独立しているし、強くなったし、責任感もある大人だと信じているのだ。

しかし、私たちがいつもしがみついている立派な外見や自己イメージを一瞬でも脇に置くことができるなら、自分についての真の発見をするだろう。その辛い過去が自分の意識に与えた本当の影響を知るだろう。私たちは真実を見ることになるのだ。幼少期の感情的な体験を、今でも苦しみの状態として追体験しているという真実を。そして、この真実を恐れなく見ることによってのみ解放が可能になる。

約130年前に生きたインドの神秘家シュリ・ラーマクリシュナによって語られた物語は、習慣的な苦しみの状態が与えるインパクトを理解するのに役立つだろう。

ある日、二人の女が市場へ物売りに出かけた。1人は花売り、もう1人は魚売りだった。市場からの帰り道、大雨が降り始めたため、二人は近くにある花売りの家まで行き、そこで共に一晩を過ごすことにした。

ところが、魚売りは眠れなかった。何が原因で眠れないのだろうと周りを見渡すと、自分の近くに花かごがあることに気づいた。彼女はニッコリと笑って花かごを遠くに押しやり、古くて臭い魚が入った自分の魚かごを手元にたぐり寄せて顔を近づけ、深く息を吸ってにおいをかぐと、あっという間に深い眠りに落ちた。

私たちが子供の頃に育んでいた内側の状態は、それが美しい状態《ビューティフルステート》か不快な状態かを問わず、私たちの当たり前の性質のようになっていく。私たちが同じ感情を習慣的に何度も繰り返し感じることによって、脳内では興味深いプロセスが始まる。神経心理学者のリック・ハンセン氏は、「脳とは頭蓋骨の中に存在する豆腐のような組織である」と言っている。脳内には、1000億を超える神経細胞（ニューロン）と1兆のグリア（神経膠）細胞と呼ばれる支持細胞、および

100兆以上の神経間結合がある。私たちの思考や感情は電気インパルスのようなもので、自分が意識しているかどうかにかかわらず、神経細胞同士の間を信じられないほどのスピードで移動している。

脳の可塑《かそ》性により、それぞれの思考や感情は海の波のように流れては消え、永続的な影響を残さない。しかし、同じ考えを何度も何度も繰り返すと、潮の流れが海岸線を形作るように永続的な影響を神経間結合に残してしまう。両親や自然界があなたにどんな脳を与えたとしても、自分の脳を形作っているのは、繰り返す思考と習慣的な感情を持っているあなた自身なのだ。

ここで、立ち止まりましょう。

この3分間の瞑想は、自分の内側の状態への気づきを高めます。
この瞑想は、「傷ついた子供」を癒すための大切な実践です。

ここで言う「傷ついた子供」とは、子供時代の辛い経験によって私たちの中に形成された痕跡のことです。
過去1年間の私たちの状態《ステート》の真実を振り返っていきましょう。

深く呼吸をして、目を閉じます。息を吸い、お腹に息を入れます。息を吐き、すべての空気を肺から放出します。このようにして、数回深呼吸してください。

過去1年間、あなたはどのような内側の状態で生きていたでしょうか？ それは主に美しい状態《ビューティフルステート》でしたか？ それともストレスの多い状態でしたか？

それは信頼の状態でしょうか？ 前向きであり、つながりを感じていたでしょうか？

それとも不安や憂鬱さ、注意散漫の状態でしょうか？

これらが、これからの人生で精神的にも感情的にも基本の状態になるとしたら、あなたは幸せな人になりますか？ それとも不幸な人になりますか？ 真実を見ましょう。

自分について見えてきたものを変えようとしないでください。無理をしてポジティブになろうとする努力も逃避なのです。逃避は、一時的に気分を良くさせるかもしれませんが、自分の内側の状態を変えたいと願うだけでは変容は起きません。真の変容は、脳を徐々に観察の状態に向けていくときにのみ起こります。

あなたの内側の状態に気づきを向け続けるようにしてください。

あなたは今日、穏やかさと喜びの美しい状態《ビューティフルステート》にいたでしょうか？

どのくらいの頻度でストレスの多い状態を体験したでしょうか？

ただ、気づいていてください。それ以上は何もしないで大丈夫です。

それでは目を開けましょう。

内側の状態に注意を向けることが、永続的な変化への第一歩です。

あなたは今日その一歩を踏み出しました。おめでとうございます。

傷ついた子供の反応

今の瞑想で、あなたが自分について何を発見したとしても、ここに良いニュースがある。「傷ついた子供」というストレスに満ちた状態を引き起こす神経間結合を断つためには、気づきを持つことが役立つのだ。神経科学の研究によれば、脳内で使われない回路はやがて衰えていく。さらに良いニュースは、魔法のような人間の脳のおかげで、美しい状態《ビューティフルステート》をサポートする神経回路はすぐに形成され始める。この新しい回路を育むことで、人生に何が起きても、美しい状態《ビューティフルステート》を楽に体験する脳を手に入れることができる。

私たちは皆、自分の中に「傷ついた子供」を抱えている。この子供は過去に生き、子供時代や青春時代の辛い体験から離れず、時間の中でフリーズしている。私たちが今の人生に失望すると「傷ついた子供」に乗っ取られてしまう。そして、自分は愛されていない、感謝されていない、大切にされていないと感じる。体は成長しても、「傷ついた子供」は苦しみの状態として私たちの意識の中に生きているのだ。

時間の経過によって私たちの外見や生活環境は変わったかもしれない。しかし、時間が経ったからと言って、予告なしに登場する不快な状態を根こそぎ断つことができたろうか？　結局のところ、何かに失望した瞬間、心の中では子供の頃や10代の頃と同じように反応しているのではないだろうか？　同じような古い感情に戻っているのではないだろうか？

例えば、SNSを眺めていたら、仲の良い友達が自分には知らせずに皆でコンサートを見に行っていた。その瞬間の私たちの気持ちは、子供の頃に両親が、兄や姉だけ連れて映画を見に行ったときに感じたものと何が違うのだろう？　あるいは、子供時代に父親が母親に対して頻繁に怒りをぶつけるのを見た。そのとき、あなたは強い怒りを感じた。いつか父親に思い知らせてやると誓った。そして今になって誰かが目の前で喧嘩するのを見ると、同じ怒りが湧き上がる。

「傷ついた子供」が自分をコントロールしているとき、私たちは愛と信頼に対してハートの扉を閉ざしてしまう。内側に注意を向けるように自分を訓練できるまでは、傷ついた子供がすべてをコントロールしているのを認識するのは難しいかもしれない。傷ついた子供の状態《ステート》にあると、今の自分が置かれた状況下で苦しむのは当たり前で仕方ないことだと信じ込まされてしまうのだ。実際には、理由の如何を問わず、不幸を当然だと思い込むのは愚かなことだ。

しかし、「傷ついた子供」が叫び始めたときに、心の中でその声に耳を傾けられるなら、どうだろう？　その子が痛みから解放される手助けができるなら、どうだろう？

ワンネスキーワード⑦　解放（Liberation）

「解放」とは内側の体験です。女性解放や社会体制からの解放など、外側の体験を意味するものではありません。本書で言う解放とは、あらゆる形の苦しみの状態から出て真の自由を得ることを意味しています。解放が起こると、あなたは内側で自由を体験します。それは喜びや安らぎ、愛、拡大意識などとして感じます。

ワンネスキーワード⑧　気づきを持つ（Awareness）

気づきを持つことは、単に認識するだけではありません。ワンネスでは、自分の体験を教え／叡智の光に照らして観察することを意味します。例えば、自分は苦しみの状態にあるのかどうか、内側の状態を叡智の光に照らして見ることで、深い気づきが起きます。自分がストレスを抱えている時に、叡智の光に照らして、このストレスが自分に与える影響に深く気づいていきます。単純に認識するだけではなく、叡智のパワーが加わることで、変容が起きます。気づきが真に起きる時、意識状態が変容するからです。叡智が変容を起こすのです。

傷ついた子供の二つの顔

ジャヤは美しい家族と非常に成功したキャリアの持ち主だった。こんなに素晴らしい人生を得られるとは、昔は想像もしていなかった。子供時代の彼女は、アルコール中毒の母親の虐待の中、トラウマを抱えて育ったからだ。

当時は毎日が悪夢のような日々で、空腹のまま眠ることも多かった。何年も母親の暴力に耐え、二人の弟妹たちに救世主の役割を果たした後、このひどい環境に耐えられなくなった彼女は12歳で家出した。

こんなに辛い子供時代を過ごしたにも関わらず、ジャヤは被害者だと感じることを自分に許さなかった。それどころか、彼女は自分の苦しみを最大の強みと長所だと捉え、長年耐えた虐待に良い意味づけをしようとした。幼い少女の頃に経験したことはすべて大きな目的があったのだと自分に言い聞かせ、あらゆる機会を利用して過去の話をシェアしながら自分のチームのモチベーションを高める方法とした。恐れと惨めさの中に彼女を閉じ込めておくことは誰にもできないと信じようとし、すべてを理解したと感じていた。

しかしジャヤの内なる混乱は、何十年も経ってワンネスのプログラムに参加するまで終わることがなかった。ワンネスの瞑想的な旅の中で自分の内側に入ると、想像もできないような力によって彼女の過去の痛みが明らかになっていった。涙がとめどなく彼女の頬を流れ落ちた。その時初めて、彼女は自分の考えがすべて間違っていたことに気づいた。彼女が信じこもうとしていたことは、全くの嘘だったのだ。

彼女は、自分の力だけで成功し、自立し、愛への必要性《ニーズ》などもう卒業したクールな女性のふりをしていた。それは、単なる仮面に過ぎなかった。実際には、ジャヤは子供時代の痛みを乗り越えたことなどなかった。幼い頃に経験したすべての恐怖と非人道的な扱いには、何か大きな目的があったと信じ込もうとしていたが、自分の苦しみを美化していただけだった。自分の過去に有意義な意味づけをすることで、辛い気持ちから逃れようとしていた。しかし、彼女は決して解放されてはいなかった。何度も自分の過去を訪れ、その体験を再解釈しようと努力したことによって、彼女は過去を生かし続けていた。死者が墓の中で眠るのを許していなかったのだ。

ジャヤが、社会的地位を得るために途方もなく努力したことは確かだが、結局は怒りという苦しみの状態が原動力になっていた。その怒りは、自分が正しく、母親が間違っていたことを証明したいという欲求から起きていた。

ジャヤが過去の痛ましい記憶を思い出しながら、自分の内側の状態とつながると、自分が何も変わっていないことに気づいた。彼女は子供時代の痛みを何も克服してはいなかった。彼女はただその痛みを自分から隠し、世界からも隠していただけだった。

ジャヤは生涯を通じ「愛されるかどうかなど全く気にかけていない人」、「愛へのニーズを超えて、自分だけの力で成功し自立している人」というイメージを攻撃的なまでに作り上げてきた。実際、自分は無敵であり、人生がもたらすどんな困難にも耐えられると自分に言い聞かせていた。彼女は「感情とは弱さのこと」とよく言っていたのだ。

しかし、彼女にとってショックだったのは、時間がかなり経っていても、傷ついた自己の感覚はそのまま残っていると気づいたことだった。彼女は真に生きていなかった。存在の核の部分で、彼女はまだ「傷ついた子供」のままだった。空腹で眠ることなどなくなっていたにも関わらず、「誰も自分を気にかけてくれない」という感覚が消えないままでいた。彼女は慈善活動をして多くの人を助けていたが、人生に対する強い怒りの感情が依然として彼女を突き動かした。自分をどう体験するかは、まったく変わっていなかったのだ。母親に対して感じていたすべての痛みと憤りを、新しい人間関係にも持ち越していた。

ジャヤにとってパートナーとつながることは非常に困難だった。彼女は相手を信頼し愛することができず、彼からの彼女への愛を信頼することもできなかった。それでも何とか彼を愛そうと努力した。子供たちに対して責任ある母親としての義務も果たしてきた。しかし、彼女が子供たちを愛する唯一の方法は、子供たちに偉大な価値を教えるために厳しくしつけることだった。彼女は子供たちの教育とキャリアを向上させるために大きな形で物理的サポートをしていたが、それだけだった。彼女はまた、仕事でのチームメンバーを尊重するのが難しいと感じていた。職場で誰かが犯したわずかなミスに対して強い怒りを抑えることができなかった。彼女の下で働く従業員は頻繁に会社を辞めていった。

ワンネスで行った深い瞑想の中で、ジャヤは自分が他者とつながる方法をまったく知らないことに気づいた。彼女は孤立しており、人生で誰ともつながりを感じていなかった。そのような状態にありながら、彼女が他者の中に美しい状態《ビューティフルステート》を育むことなどできるだろうか？

彼女は自分の真実を見た。覆い隠したり、必死に変えようとしたりせずに真実を見ることが、ジャヤの壮大な変容の始まりとなった。そして今、彼女の子供時代の記憶は鎮まり、マインドの中で有害な放射線を吐き出し続ける放射性廃棄物のようなものではなくなった。それは内なる静けさという海に沈んだ一つの記憶となった。

ワンネスでの学びを続けているアンドリューも、辛い子供時代を体験した一人だ。彼の場合は父親によって傷つけられた。その体験はあまりにも辛く、彼は男性全般を憎むようになった。しかし、彼はこれを認めたくなかった。なぜなら、「良い人間は決して親を憎まない」という理想像を持っていたからだ。

アンドリューの変容の旅路の途中で、私は彼にこんなふうに聞いたことがある。「ハートを開いて、父親との関係性につながりの状態を感じられるようになりたいですか?」。彼は激しく首を横に振り「いいえ」と答えた。私は彼を少しからかって、「もしそれを意識的に選択したいなら、私は君が完全に父親を嫌いになるように助けることもできますよ」と伝えた。

その後、アンドリューは一人で散歩に出た。そして、長い黙想をした後、彼が気づいたのは、このままつながりを絶った状態を選ぶなら、自分はこれまでと同じように失望した状態のまま残りの人生を生きるだろうということだった。そして人生で初めて、父に対する感情が、最も大切な人たちを含む他の関係性の中で感じてきた怒りとつながっていることに気づいた。

彼は、自分が妻に対してどんな態度を取っているかを思い出した。例えばランチの場所を選ぶというようなシンプルな行為であっても、そこには怒りがあった。彼は妻に「昼食はどこに行く？」と尋ねながら、彼女のどんな答えにも苛立った。妻が昼食場所の候補として3つの選択肢を出しても、彼は全く違うレストランを選んだ。妻が「あなたが決めて」と言っても腹が立った。妻が自分で決めると、やはり腹が立った。妻が何をしても、何を言っても、まるで彼女から自由を奪われているように感じ、支配されていると感じた。

アンドリューは、人生の大半において自分が自分を傷つけてきたことに気づいた。だから、残りの人生はもう自分を傷つけたくなかった。

彼の「傷ついた子供」の状態《ステート》は、彼のキャリアと家庭生活にすでに大混乱を引き起こしていた。アンドリューが散歩から戻ってきたときには、内側で燃えさかる心の傷と憎しみから自分自身を解放することを固く決意していた。

私は彼にはっきりと伝えた。彼のハートを癒すということは、必ずしも父親と和解をしなければならないわけではないと。それは彼が自分を解放した後に選べる一つの選択肢に過ぎない。なぜなら、もし父親との和解があまりにも痛みに満ちたものであり、彼の精神状態を悪化させる危険性があったり、あるいは彼の家族の幸福を脅かしたりするようなものなら、その際に彼を導く知性はあえて和解を選ばないこともある。

ワンネスで、私が話している〝許しの旅路〟とは、内なる傷ついた子供を癒し、ハッピーチャイルドという美しい状態《ビューティフルステート》に目覚めることだ。許しとは、間違っていた行動を帳消しにして、あれは正しかったと言うことではない。過去に自分を傷つけ、または今後も傷つけるかもしれない相手と共に暮らすことでもない。許しとは、あなたを傷つけるすべてのことから、あなた自身を解放することだ。

その夜、アンドリューは私と共に深い沈黙の瞑想に入った。失望や渇望、痛みなどの記憶が、明晰さと強烈さと共に彼の前に明らかになった。彼は傷ついた子供が他人からの承認を得るために、3つのペルソナ（人格）を発達させていたことに気づいた。

時には人々を魅了し相手の愛情を勝ち取った自分。時には凄腕の野心家として人々から評価された自分。時には関心を集めるために感情的なドラマを引き起こした自分。しかしどの場合も、彼の行動の理由は同じだった。彼は愛と受容に飢えていたのだ。

彼は人生で様々な仮面をかぶっていたが、それぞれの仮面の下にいたのは同じ「傷ついた子供」の状態《ステート》であり、ただ愛され、大切にされたがっていた。彼が、仮面の下にいた自分に気づき、無防備になることを選んだことで、最後の真実が現れる瞬間に備えることができた。人生を通して感じた辛さを手放すことへの抵抗の陰に、真実が隠れていたのだ。

彼は心の奥底で、怒りを手放してしまったら、父親が自分に対して行った不当な仕打ちと虐待を容認することになると信じていた。それは、彼が長年耐えてきた痛みや屈辱を無視することを意味した。しかし、自分の中の抵抗を叡智の目で見ることによって、彼は最後のバリアを越えた。怒りと苦しみは、彼から剥がれ落ちた。それはまるで、一度乾いてしまえば、簡単に剥がれるアーモンドの殻のようだった。

自分の真実を見ることで、解放と許しが彼の中に楽に入ってきた。この深い穏やかさの空間にいて、アンドリューは自分の人生全体に広がる神聖なプレゼンス（存在）を感じた。彼が愛した人々、無視した人々、嫌った人々、彼の父親さえも、すべてこのプレゼンスの一部だった。後に彼は、このプレゼンスは理由のない無条件の愛そのものだったと言った。

彼の内なる子供が癒されて以来、アンドリューの自動車部品のビジネスは着実に成長した。彼は新しいビジネスのために無理に営業をしなければならないと思わなくなった。潜在的顧客から拒否されるのではないかという絶え間ない不安も消えた。彼は、傷つくことがもう怖くないと言った。それでいて不思議なことに、世界は彼にとってより優しい場所になったようだった。

私たちはジャヤとアンドリューという2人の全く異なる人生を見てきた。ジャヤは、愛への必要性《ニーズ》を克服するほどの達成を勝ち取った成功者という仮面をかぶっていたが、そうすることで愛を受け取ることも与えることもできなくなっていた。彼女は鈍感さと断絶の状態に慣れてしまっていた。アンドリューは愛を求めて生きてきたが、自分の苦しみの状態を無視していたために、愛する人たちを激しく攻撃していた。2人の体験を念頭に置いて、傷ついた子供の状態に対する私たちの対処法を観察してみよう。

あなたは、自分の子供の頃の経験はそれほど悪くなかったとか、過去にこだわるのは無意味だと信じているために、心の傷の状態に注意を向けることができないのだろうか？　それとも、苦しみやストレスを名誉の勲章のように身に着け、苦しみのお陰で今の自分があると信じているのだろうか？　過去の辛い記憶に浸《ひた》りながら、自分は正しかったと言って怒りを正当化しているのだろうか？　それとも、記憶自体は忘れながらも、過去の感情を何度も追体験しているのだろうか？

それぞれ行動は異なって見えるが、どの場合も自分の「傷ついた子供の状態」に浸《ひた》っていることに変わりはない。

ここで、立ち止まりましょう。

神聖な鍵に沿ってここまで来たのであれば、あなたは間違いなく自分の内なる進化に情熱を持っています。私たちはそれを尊重します。

この瞑想はあなたの中に解放への深い願いを生み出します。

快適な姿勢で座ってください。目を閉じましょう。

意識的にゆっくりと、３回深呼吸をしてください。

吐く息は吸う息よりも長くしましょう。

あなたは、自分の子供時代をどのように捉えていますか？
それは、ストレスの多い体験でしょうか？
あるいは素晴らしい体験でしょうか？
あなたの過去や子供時代を、ただ観察してください。

それらは様々な意識状態としてあなたの現在に流れ込んでいます。その観察者になってください。

あなたが今しているように、自ら進んで過去を振り返り、それらが未来に与える影響を深く見る人はほとんどいません。
あなたは、よくやっています。

自分の内側の世界への観察を続けることで、過去の制限から自由になりたいという賢明な情熱があなたの中に目覚めるでしょう。

マインドの濁流を鎮める

私たちのハートは、密閉された空間で出来ているわけではない。私たちが自分の内側にいる「傷ついた子供」を癒さないままでいると、その悲しみと孤独は漏れ出し、あらゆる人間関係、あらゆる会話に入り込んでいく。この痛みは一つの世代から次の世代へと受け継がれることもあり、心の傷を持っていても我慢して生きるようにと親が子供に無意識に教えることになる。どのようにしたらそこから解放されるのだろう?

それは、思いやり（compassion）を持つことだ。

愛と思いやりをもって、「私は本当に、こんな仕打ちを自分にし続けたいのか?」「本当に、この苦しみの状態で生き続けたいのか?」と自分に聞くのだ。なぜなら、あなたが傷つけているのは、あなた自身なのだから。

確かに10年か20年前に、他者があなたを傷つけたのだろう。でも、今、自分を傷つけているのは、自分だ。

「傷ついた子供」の状態にすっかり慣れてしまうと、時にはその状態《ステート》でいるほうが楽だとさえ感じるかもしれない。誰かから傷つけられた過去を他人に話すときに得られる慰めや承認の中毒になることさえある。どれだけ苦しみに耐えてきたかを自慢する人さえいる。しかしその過程で、私たちはどのような存在になっていくのだろうか？

「私は、どちらの状態《ステート》から生きたいのだろうか？」。

この質問を自分に対して正直かつ勇気を持って尋ねることができるなら、あと一日でも、一時間でも、一分でさえも、苦しみの状態で生きていたくないと気づくだろう。

過去の痛みを手放す準備がまだできていないと感じても、諦めないでほしい。ストレスや孤独感を感じたり、心の傷を手放したくないほどの苦しみの状態が生じたりしたときは、自分に優しくしよう。

ただ、想像してほしい。もしもハッピーチャイルドという美しい状態《ビューティフルステート》に目覚めることを自分に許可できたら、何が起きるのか？　再び愛し、信頼することを自分に許したらどうなるのか？

傷ついた子供の状態がどれだけ強い影響を与えているかに関係なく、私たちはただ、自分の内側の状態に対して〝受動的な観察者〟になっていけばいいのだ。過去がいかに現在とつながっているのかを、ただ観察していくことにより、あなたの内側の動揺は静まっていく。

水たまりに溶けた泥は、あるがままの姿を許すことで水の底に沈んでいく。私たちの過去の心の傷が癒やされるのは、無視したり、有意義だったと意味づけしたり、覆い隠したときではない。私たちのハートが癒やされるのは、私たちが自分の内側の状態を〝目撃〟するときだ。

そうすることで、私たちは穏やかさという美しい状態《ビューティフルステート》に目覚める。私たちは人生を信頼し始める。私たちの周りのエネルギーのフィールドが変容し始め、大きな豊かさを引き寄せていく。ハッピーチャイルドの状態《ステート》にあると、私たちは世界が自分と共にあると感じる。文化や言語、人種を超えて、自分の居場所を感じ、愛を感じる。あらゆる人々に親近感を感じる。万物と友達だと感じる。

子ライオンの話を覚えているだろうか？　私が初めてあの物語を聞いたとき、最も悲しい物語の一つだと感じた。しかし、今度は別の結末を用意して、ハッピーエンドにしよう。

母羊が子ライオンに空想をやめるように言ったとき、彼はその言葉を信じたろうか？　もちろん彼はそうした。彼は子供だった。子供は大人から言われたことを信じてしまう。

数年たったある日、巨大なライオンがこの羊の群れを発見し、襲おうとした。この大きなライオンを見て、成長した若いライオンは他の羊たちと一緒にメーメー鳴き声を上げて走り始めた。大きなライオンはその光景を見てショックを受け、若いライオンを捕まえて吠えた。「なぜお前は羊のように震えて鳴いているのだ？　なぜ私から逃げるのか？　お前は若いライオンだ。目を覚ませ！」。

若いライオンは大きなライオンの言葉を拒否し、震え続け、メーメー鳴き続けた。大きなライオンは若いライオンを川岸まで引きずっていき、水面《みなも》に映った自分の姿を見るようにと言った。大きなライオンの隣に映る自分の姿をじっと見つめながら、信じられないほどのパワーが彼の体内を駆け巡った。

若いライオンは、自らの存在に内在するパワーに気づき、大声で吠えた。森中にとどろきわたる咆哮だった。即座に、ジャングルの他の動物すべてが沈黙した。

あなたはまるで、この若いライオンのようだ。あなたが美しい状態《ビューティフルステート》のパワー、自分の意識の真のパワーに目覚めるとき、あなたの人生のすべてが変わり始める。

若いライオンの咆哮が他の動物たちを沈黙させたのと同様に、あなたというライオンの悟りという咆哮は、あなたを傷つけてきた内側の混乱をすべて沈黙させる。

そしてこれはほんの始まりにすぎない。

ワンネスキーワード⑨ 観察（Observation）／受動的な観察（Passive observation）

「観察」とは何かに注意を向けるプロセスです。外側の世界で起きていることを観察するときは、その対象に完全な注意を向けます。呼吸を観察することもできます。また内側の状態、感情、生じては消えていく考えを観察することもできます。本書で出てくる「受動的な観察」とは、あなたが「観察者」となり、思考のプロセスに介入することなく、何かを変えようとすることなく、思考の流れそのものに注意を向けることを意味します。今、生じている思考に浸るのではなく、一歩ひいて、それをあるがままに、川の流れを見るように観察します。

傷ついた内なる子供を癒すためのソウルシンク瞑想

傷ついた子供の状態から、ハッピーチャイルドの状態へと変容するために、ソウルシンク瞑想を活用しましょう。

始める前に、この瞑想に対する意図を込め、「私が自分自身に思いやりを感じられますように」と宇宙知性にお願いしましょう。

まだ、過去の痛みを手放す準備ができていないと感じているかもしれませんが、それでも大丈夫です。まるで泣いている小さな子供と一緒にいるかのように、自分に対して寛容であってください。

では、始めましょう。

椅子またはクッションに快適に座り、そっと目を閉じます。

手のひらを天井に向けて太ももの上に置き、親指で他の指に触れながら呼吸を数えます。人差し指から始めて、中指というようにして、８回数えましょう。子供と一緒に瞑想している場合は、カウントを

4に短縮できます。


【第1ステップ】

意識的に8回呼吸する。

8回深く息を吸い、ゆっくりと吐くことから始めてください。1つの呼吸から次の呼吸に移るときに、指で数をかぞえましょう。雑念が湧いてくるのは自然なことです。指で数えることで、簡単に注意を元に戻すことができます。


【第2ステップ】

意識的な呼吸を8回して、吐く息と共にハミングの音を出す。

深く息を吸い、息を吐きながらハチの羽音のようなハミングの音を出しましょう。息が楽に続けられるまでハミングの音を出します。音に集中していくと、くつろぎが深まっていきます。

【第3ステップ】
意識的な呼吸を8回しながら、吸う息と吐く息の間の小休止を観察する
8回の呼吸をしながら、吸う息と吐く息の間の小休止を観察しましょう。息を吸って、息を吐いていくと、吸う息の後、吐く息が始まる直前に自然に生じる、ほんのわずかな小休止があります。無理に、息

を止めようとはしないでください。目はそっと閉じたまま、この小休止を8回観察しましょう。

【第4ステップ】

意識的な呼吸を8回しながら、吐く息と共に心の中で「アーハム（Ah-hum）」または「私は在る（I AM）」と唱える。

穏やかな状態から、拡大意識の状態へと入っていきます。次の8回の呼吸では、息を吸って、息を吐きながら、心の中で「アーハム」または「私は在る」と静かに唱えます。

【第5ステップ】

意識的な呼吸を8回する間、自分の体が光へと拡大していくのをイメージする

親指と人差し指の先をやさしくふれてください。あなたの体、周りのすべての物やすべての人々が、光の中へと拡大していくことをイメージするか、それを感じましょう。

この意識状態において、分離や分断はありません。

すべての形が一つの光の海に溶けて消えていくと想像してください。このフィールドでは、思考と物質は一つです。願いと現実は一つです。

【第6ステップ】

あなたの内側の「傷ついた子供」の状態がハッピーチャイルドの状態に変容するのを感じる。愛し、信頼し、つながることができる子供を感じる。

ゆっくりと呼吸をしましょう。温かい黄金の輝きがあなたのハートを満たすのを感じましょう。ハートに愛が目覚めるのを感じましょう。あなたのインナーチャイルドが微笑み、ハッピーチャイルドへと変容していくのを感じましょう。

自分自身とこれから始まる素晴らしい人生に対して、喜びに満ちた穏やかな微笑みを向けましょう。あなたは今改めて、自分の意識を無邪気さと喜びと信頼に向けて開きました。子供のようなワクワクと好奇心という貴重なギフトに向けて意識を開いたのです。

あなたが、人生に調和した流れを体験できますように。

第2章

第2の神聖な鍵

内なる真実を発見する

Byシュリ・プリタジ

私たちは皆、偉大な親、偉大なパートナー、偉大なビジネスパーソン、偉大なアスリート、偉大な富の創造者、あるいは時代を変革する偉大な人になりたいと願っている。しかし、宇宙が私たちを通してその偉大な何かを実現化する前に、私たちの意識の完全な開花が起こるべきだと私は深く確信している。

この真の変容は、私たちが「内なる真実（Inner Truth）」と調和して人生を生きてこそ可能なのだ。内なる真実がなければ、すべてのスピリチュアルな成長は、単なる美しい理想の追求にすぎなくなる。まるで、光り輝くエッセンスを持たない、言葉だけが連なる空虚な詩のようになってしまう。

〝インド独立の父〟と謳《うた》われるガンジーの物語と、彼が「ガンジー」から「マハトマ・ガンジー」に変容した瞬間に実際に起きた出来事を振り返りながら、私たちの第２の鍵を探っていこう。

マハトマ（マハートマー）とは、「偉大な魂」を意味する。人類の歴史に重要な影響を与えた人物であり、大英帝国という抑圧者に対し、非暴力という道を通して弱者が勝利した象徴であるとインドが見なしているゆえの尊称だ。

1893年、ガンジーは若い弁護士として成功する運命を夢見て南アフリカに渡った。到着後すぐに、ガンジーは裁判の仕事でダーバンからプレトリアまで移動しなければならなかった。彼は列車のファーストクラス車両の切符を、あらかじめ郵送で購入していた。

しかし白人の車掌は彼を有色人種、クーリー（訳註　インドやアジア系労働者階級に対する蔑称）と呼んで侮辱し、所持品をすべて持って三等車両に移動するよう命じた。ガンジーは、有効な切符を持っているという理由で頑としてこれを拒否した。車掌は列車を止め、ガンジーを無理やり列車の外に追い出した。彼は、ピーターマリッツバーグという小さな駅の冷たいプラットホームに取り残されたのだ。

ここで歴史の事実から離れ、侮辱的待遇を受けた後で凍てつく寒さに震えながら座っていたガンジーの内側の状態を探ってみよう。これからあなたが読むのは、クリシュナジと私から見た解釈であり、最重要かつ最初の変容の体験においてガンジーに何が起きたかの物語だ。

屈辱に苛《さいな》まれていたガンジーに残された選択肢はいくつかあった。第一の選択肢は、怒りを爆発させて、南アフリカで弁護士として成功する計画を放棄し、インドに帰国すること。第二の選択肢は、これまで多くの人がしてきたように、恥をしのびつつも金儲けだと割り切って努力を続けること。第三の選択肢は、煮えたぎるような憤りの中、南アフリカに留まり、車掌への個人的な復讐を計画するか、大英帝国に対する怒りの暴動を起こすこと。

ガンジーが選んだのは、第四の選択肢だった。怒りと恥という自分の苦しみの状態に意識を向けて、それを解消したのだ。そして、穏やかな状態から自分自身を超え、日々の抑圧に苦しんでいる多くのインド人たちとつながった。彼が南アフリカでの差別や不平等に対して非暴力による抵抗運動を始めたのは、イギリス人に対する個人的な憎しみではなく、同胞のインド人たちに対する深い慈愛があったからだ。そして、内なる真実に深くつながった初めての体験から54年後、暴力や流血を引き起こすことなく三億九千万人以上のインド人を導いて大英帝国からインドを独立させた。これは美しい状態《ビューティフルステート》から導かれた戦いだった。


この物語を踏まえて、第2の神聖な鍵に入ろう。

世界中の多くの人々が、自分が偉大になるためには戦略と計画を立て、敵のプランを知り、相手を打ち負かさなければならないと考えている。しかし、その戦略や計画すべてが誤っていたらどうなるだろうか?

そもそも偉大さへの第一歩が、戦略を立てることではないとしたら、あなたはどう思うだろう?本当の偉大さとは、立ち止まることから始まると私が言ったらどう思うだろうか?

「立ち止まる」とは、自分自身の内なる真実と深くつながることだ。

私たちの多くが、自分の内側で起きていることと断絶し、つながれないでいる。そして、内側の状態の真実を認識する際に根本的な間違いをおかす。それは、内なるストレスを情熱だと勘違いし、心配を愛だと取り違え、怒りをやる気だと思い込み、恐れを知性だと信じるのだ。

自分の内側の状態を明確に認識して大きなショックを受ける人も多い。賢明ではないと頭でわかっていながら、ストレスに満ちた感情にしがみついてきたことに気づいて驚くのだ。混乱した状態から抜け出す方法を知らなかったか、別の生き方があるという想像すらできなかったために、ストレスに満ちた状態に慣れ切っていたのだ。

自分が何を感じているのかにつながれないまま長い時間を過ごすと、苦しみの状態をモチベーションが上がっている状態や知的な状態と容易に間違える。時には怒りやストレスを、自分にやる気を与える手段として利用する人もいる。強い怒りや不安を道具と見なすのだ。苦しみの状態にいたからこそ何かを獲得できたと理解することで怒り中毒になり、挫折に依存し始める。それなしでの成功や達成はあり得ないと信じ始める。

一方で、心配中毒の人もいる。愛を示す唯一の方法が、愛する人の健康や将来、成功に執着することだと思い込むのだ。多くの家庭では、心配が、親から子供への愛情表現の方法になっている。それは同時に、私たちの多くがパートナーや友人、子供たちに愛を示す方法として学んできたものだ。しかし、心配とは結局、苦しみの状態なのだ。

さらに、自分自身の内側の状態よりも他人の内側の状態に注意を向けるように教えられてきた人もいる。すると、表面的には自分の不快感を他人のせいにしていなくても、何よりも先に自分ではなく他人を理解しようとする。このアプローチは一見思いやりがあるように見えるが、自分自身とつながれないなら、他人とは決してつながれないのだ。

私たちがそのような状態《ステート》から駆り立てられて行動を起こすと何が起こるだろう？　私たちはなんとか成功するかもしれないが、その過程は非常な困難を伴い、多大な代償を払うことになるだろう。成功しようとして敵を作り、健康を損ない、自分が創造したものを楽しむこともできない。また、周囲の人が自分らしさを楽しむことさえ許せなくなる。ストレスや不安がモチベーションだと信じている場合は、私たちだけでなく、共に働くチームや家族にもストレスを与え続ける。

現代社会は「苦しみとは恵みであり、闘争心こそ成功の鍵である」という考えを持ち続けている。「大変な苦労をしたアーティスト」や「苦しみながらトップに上り詰めたリーダー」という人々がどれほど崇《あが》められているのかを見れば、それははっきりとわかる。

しかし、成功と苦しみの間に何の関係もないとしたらどうだろう？　むしろ、数々のヒーローや天才たちは苦しみがあったせいで偉大な功績のメリットを受け取れていなかったとしたら、どうだろうか？　実際には、ヒーローたちをその偉大さに導いたのは「苦しみからの解放」であり、誰もそれに気づいていないとしたら、どうだろうか？

では、内なる真実とはなんだろう？

内なる真実――暗闇を照らす光

内なる真実とは、他者に懺悔《ざんげ》するようなものではない。正直な発言のためのポリシーでもない。それははるかに深く、パワフルなものだ。

内なる真実とは気づきを持つことであり、同時に気づき以上のものだ。それは、自分の内側で何が起きているかについて、全くジャッジすることなく行う〝観察〟だ。その観察は、クリシュナジがビッグベア湖で目覚めを体験した際に現れた、苦しみについての二つの深い洞察の光に照らしながら見ていくのだ。

強力な潜在力を持つこの洞察は、暗闇を照らす懐中電灯のように機能してあなたの内なる真実を明らかにし、苦しみからあなたを解放する。

最初の洞察は、どんな瞬間においても、あなたの存在の状態は二つしかないというものだ。苦しみの状態か、美しい状態《ビューティフルステート》か、どちらかしかない。第3の状態は存在しない。

2番目の洞察は、すべての苦しみの状態は自己執着によって継続されるというものだ。

それではここで、ワンネスで内なる真実への旅を始めた人の体験をシェアしよう。私たちの人生において、内なる真実と向き合い始めることは、マハトマ・ガンジーほど劇的ではないかもしれない。それにもかかわらず、私たちが第2の神聖な鍵とつながって生きるとき、人生のあらゆる側面が素晴らしい彩りを持つことになる。

それは、クリスティーナとリーという二人の女性がワンネスのキャンパスで夕食をとっているときのことだった。苦しみについての話題が出たとき、人生で多くの試練を乗り越えてきた実業家のクリスティーナが、「苦しみは、自分の選択よ」と言った。

生涯を通して貧しい人々のために生きてきたコミュニティリーダーのリーは、その言葉を聞いてこう言った。「あなたはそれでいいわよね。冷暖房の効いた部屋にいて、香水の匂いがするお金持ちと一緒にいるだけなんだから!」。

クリスティーナは侮辱されたと感じて、食堂を出ていった。その晩、私が彼女に会った時には気分が少し回復しているようだったので、何が変わったのかと尋ねた。「私はリーと彼女の仕事を理解しています」と、クリスティーナは言った「彼女のことを理解したら、苦しみはなくなりました。気分も良くなりました」。

「クリスティーナ、今日あなたになんらかの気づきがあったのですね」と私は言った。「でも、もし他の誰かが、『リーが本当は傲慢な人間だ』という決定的な証拠をあなたに突きつけたら、どうなるでしょうか。そのときあなたはどう感じますか? また怒りを感じ、気持ちが沈みますか? あなたに何が起こるでしょう? あなたの解放は、他人を理解しようとすることでは得られません。あなたの解放は、あなた自身の内なる真実から来なければなりません。リーの言葉によって動揺したとき、あなたがどのような内側の状態になったかを認識することから始めてください。食堂から立ち去ったとき、あなたはどのような内側の状態にいたのでしょう？」。

クリスティーナは答えた。「私は苦しみの状態にありました。最初は屈辱を感じ、ショックを受けました。それは徐々に怒りに変わりました」。

「その状態《ステート》にある自分をさらに詳しく観察してみてください。その瞬間の思考のプロセスは、どのようなものでしたか？」と私が尋ねると、クリスティーナは少し黙ってから、こう答えた。

「実は、数カ月前にリーの娘が病気になったとき、私が彼女を経済的に援助したのです。だから、余計に腹が立ちました。『なぜ、あんなふうに皆の前で私に失礼なことが言えるのか！彼女は私の善意を完全に利用した。なんて恩知らずだろう。これからは、もっと他人に対して注意深くいよう。人の言葉を額面どおりに受け取らないようにすることが、私の学びだ』…と」。

「クリスティーナ、今、立ち止まりませんか？そして観察しませんか？屈辱的だと感じ、ショックを受け、怒っている内側の状態をただ観察するのです。あなたのストレスに満ちた状態は自己への執着のせいで継続しているのではないですか？苦しみが起きた瞬間に、あなたの自己執着の真実を見ることができるなら、苦しみから自然に解放されます」。

それがクリスティーナの内なる真実への旅の始まりだった。

他人の観点を理解しようとすることは、本質的に何も悪いことではない。ただそれは、あなたの内なる真実ではない。

ここが、私たちが伝えている神聖な鍵と、多くの自己啓発の手法との大きな違いだ。つまり、あなたの中に不快感が生じたときに、それを変えようとはしなくていい。分析し説明を加えて不快感を正当化しなくていい。不快感を非難しなくていい。自分の外側の世界に不快感の理由を見出そうとするあらゆる誘惑を克服してほしい。単に自己執着の習慣によって、内側の状態が火に油を注がれるようにあおられていることに気づいているだけでいい。

自分が抱えている問題について苦しみの状態から何度も思い返すのは、解決しようとしているのではない。あなたはただ自分に執着しているだけなのだ。同じことを何度も繰り返している自分に気づくことができれば、真実のパワーがあなたに作用し始める。あなたの人生は素晴らしいシンクロニシティへと開かれるだろう。

真実とは、感情を変えようとすることではない。内なる世界は不思議なものであり、無理に変えようとしても変わらない。攻撃的になったり、ごまかしたりしても、不安や孤独に打ち勝つことはできない。

あなたにできる唯一のことは、今、あなたの内側で起きていることを、ただ受動的に観察するだけだ。あなたの観察自体が、苦しみの状態の潮流を断ち切るだろう。ストレスに満ちた状態は解消され、ストレスに取って代わるように美しい穏やかさや喜びが現れる。あなたがしなければならないのは、感情と戦ったり、感情を操作したり、努力によって別の感情に変えようとすることではなく、自分の内側の状態をただ目撃することだけなのだ。

一方で、良い感情が湧き上がったら、それを継続できるように努めるべきなのだろうか？　私たちは完璧で聖人のような心地よい感情だけを持つようにするべきなのか？

あなたは、古代ヒンドゥー教の寺院を見たことがあるだろうか？　その神殿には、高次の世界にいる神々や、祈りを捧げる聖人や賢者たちの超越的な姿が多く描かれている。また、牛を放牧する人々や子供の髪をとかす母親などの日常的な姿も描かれている。これらに加えて、挑発的に相手を誘惑しようとしている男女の姿や、太鼓腹で突き出た歯、怒った目、残忍な表情を浮かべる醜い悪魔の姿もある。

神聖な場所の中にこれらすべての姿があるとは、あなたは想像できないかもしれない。神殿とは純粋で超越的な天上の世界だけを描いているものだと思っているかもしれない。しかし、ヒンドゥー教の寺院には、神聖なものと世俗的なもの、貪欲《どんよく》なものと満足しているもの、怒れるものと平和を感じるもの、強いものと弱いものという様々な要素が混在している。

なぜだかわかるだろうか？　このような神殿の構造は、人間の体験の全体性《トータリティ》を表しているのだ。内なる真実を見ることとは、マインドのポジティブな面だけ見るのではなく、マインド全体に穏やかな注意を向けたときにのみ起きる。内なる真実の観察は、自分自身に対して示すことのできる最大の慈愛の行為だ。

感情は消え去ることもあれば、蓄積されることもある。しかし、自己執着に浸《ひた》ってしまうと、私たちは痛みの中でフリーズし、怒りや悲しみ、苦悩を、自分にとって当たり前の状態になるまで育ててしまう。

自己執着は、世界に対する理解に制限を与える病気のようなものだ。それによって一度支配されると、非常に狭い視点でしか物事を見られなくなる。このような内側の状態から、問題に対して賢くアプローチすることなどできるだろうか？

自己執着によって、愛する人たちとの関係性に何が起きてしまうかを見てみよう。ある男性が、ガールフレンドを連れてワンネスでのプログラムに参加したときのことだ。私たちが彼らと話したのは初日の質疑応答のクラスのことで、彼らは2人とも30代前半だった。

「僕は、自分のためにここに来たのではありません。彼女のためにここに来ました」と彼は言った。「ぜひ、彼女を助けてあげてください。僕自身はすごく勇気があり、恐れなど全くないです。天然洞窟の探検もするし、バンジージャンプもするし、パラグライダーもするし、いろいろなことに挑戦してきました。でも、僕の彼女は臆病です。全く冒険向きではありません。僕らが一緒に楽しい時間を過ごせるように、彼女を変えてくれませんか？」。

クリシュナジは彼の質問に答えなかった。その男性が週の終わりまでに、自分で答えを見つけていくことがわかっていたからだ。だからクリシュナジは、「あなたは本当に恐れから解放されていると思いますか？」と尋ねた。「大胆であることと恐れがないことは、同じことでしょうか？あなたの内側の状態の真実は、あなたの関係性に影響を与えますから、時間をかけて観察してみてはいかがでしょうか？」。

2日後、この男性はワンネスのダーサ（講師）に自分の気づきをシェアした。彼は、「自分の真実を見ると思うだけで恐ろしくなったのです。どうしてかわからないのですが、とても怖いです」と言った。

彼は「内なる真実」の教えに照らして、自分の内側の世界を観察し始めた。「過去3年間、僕は自分が情熱的な恋人だとばかり思っていました」と、彼は後にクリシュナジに語った。「僕みたいに彼女を愛せる人は誰もいないと自分に言いきかせていました。でも、自分の内なる真実が見え始めたとき、そんなこと言いたくないのですが、ほとんどの時間、完全に自分のことばかり考えて、自己執着の中にいたことに気づきました。僕にとって彼女を愛するということは、彼女のことだけを強迫的に考えて、彼女も僕のことだけずっと考えていてほしいと願うことだったのです。彼女には、僕の行動すべてを認めてほしかった。クラスの中にいるときも、僕は質問に答えながら時々彼女の目を見て、彼女からの承認を求め続けました。僕はいつも手を伸ばして、彼女と手をつなごうとしました。何らかの理由で彼女が手をつないでくれなかったら、気分が不安定になりました。『なぜ彼女は僕と手をつなぎたがらないのか？　僕のことがもう好きではないのではないか？』と」。「彼女との関係性の大部分が、不安と独占欲という苦しみの状態で占められているという真実を見るのは、とても辛かったです。いつも、僕は自分のことばかり考えていたのです」。「実は、彼女が変化することもすごく嫌でした。彼女には大人の女性になってほしくなかった。活発な少女のままでいてほしかったのです。だから、彼女の反応が大人びていたり、冷静だったりすると、僕はビクビクしました。そんな時には、彼女といるのが楽しくないとさえ思って、怖かったです。彼女への愛が減ってきているのではないかと思ったからです。だから僕はサプライズでプレゼントをしたり、非日常的なことをしたりして、彼女を喜ばせようとしました。そうすることで、彼女を愛していると自分に納得させようとしたし、彼女にも僕が愛しているると思わせようとしてきたのです」と、彼は言った。

その日から何日も何週間もかけて、この男性は自分の内なる真実を観察し、その中に自分自身を確立していった。すると、彼と彼女の関係性が変容した。

その関係性はもう、愛に飢えた二人がお互いに依存しながら、なんとかして情熱を保ち続けようとするものではなくなった。彼らはそれぞれが全体性《トータリティ》を持つ個人として、愛に満ちた家族を築くという同じ未来を共有し始めたのだ。7年経った今でも、彼らの愛は続いている。

内なる真実を発見するという神聖な鍵を実践できれば、誰もが多くの別れや喪失を防ぐことができる。大きな代償を伴うような間違いを避けることができる。過去に生きることへの中毒から解放される。生きるという体験そのものが美しくなる。

もちろん、内なる真実を観察するという実践によって二度と苦しみに陥《おちい》らなくなるわけではない。ただし、内なる真実という神聖な鍵は、人生を通して当たり前だった苦しみに浸《ひた》る習慣を徐々に消していくパワーを持つ。それはまるで、穏やかに流れる水が、行く手を阻む最も固い岩さえも削って海に向かうパワーがあるのと同じだ。

私たちは皆、不安やストレス、怒り、失望、嫉妬、無関心…など、なんらかの苦しみの状態を習慣化してきた。内なる真実という神聖な鍵を実践しないと、これらの感情は制御不能になっていく。有毒な雑草のように、あなたの人生の美しいものすべてを奪っていくのだ。

これまで、あなたはパートナーから傷つけられたり、親に対して怒ったり、きょうだいとつながれなくなったり、子供たちに失望したりしたかもしれない。こういった関係性の不調和は私たちを苦しめる。しかし多くの場合、状況に賢く対処して調和を生み出すのではなく、私たちは自分を憐れんだり、他人を責めたりする。自分がどれだけ酷い目に遭っているかにのみ、注意を向けるのだ。

自分の苦しみへの執着に浸《ひた》っていると、人生の課題に対する解決策を見つけることはできない。自分の本当の目的意識とつながることもできない。

あなたは、なぜ結婚したのか？　なぜ子供をつくったのか？　あなたにとって、両親はどんな存在なのか？　あなたと友人のつながりの基盤は何なのだろうか？

例えば、仕事場で自分を非常にイライラさせるような状況に直面しているとする。そこで立ち止まり、自分の不快感の中にある内なる真実を観察するなら、怒りは解消される。穏やかな内側の状態から、深い視点に立って状況に対処できる。その深い視点は、「自分たちが共に行なっているこの仕事の目的は何なのか？」「この仕事から、どのようにして他者にインパクトを与えられるのか？」「自分達にとって、共に働く人々とは、どんな意味を持っているのか？」という自問から生まれるものだ。

しかし、怒りの瞬間にわずかにでも立ち止まり、自己執着から抜け出せる人はどれだけいるだろう？

先ほどのリーとクリスティーナの話を思い出してほしい。クリスティーナはなんとか怒りから脱出しようとした。しかし、多くの点で彼女は正しい道を歩んでいた一方で、重要なステップを飛ばしていた。彼女は自分の内なる真実を観察できていなかったのだ。自分の内なる神殿に完全に足を踏み入れてはいなかったのだ。それは神と悪魔、与える者と盗む者、美しさと醜さ、すべてが混在する場所だ。

人生のあらゆる状況において、問題が継続し増大するのは、他人のせいではなく、あなたがそうさせている。つまり、あなたの自己執着のせいなのだ。自己中心的な思考にはまることによって、あなたは目の前の試練や課題がいかに単純なものかを見失ってしまう。すると、人生はややこしく、複雑なものになる。

しかし、複雑にする必要はない。

これから話すことは少し奇妙に聞こえるかもしれない。私たちの多くが、苦しみから解放されたいなら問題を解決しなければならないと教えられてきたからだ。しかし、真実はその逆だ。問題から解放されたいなら、まず苦しみを解消することから始めるべきだ。

何年か前、クリシュナジはワンネスでの特別なプログラムに、友人のディアゴを招待した。ディアゴは約2年前に薬物の意図的な過剰摂取で息子を亡くしていた。少年は亡くなったとき、まだ19歳だった。何年も鬱状態にあった後で、ついに自らの命を絶つことを決めたのだ。彼は父親であるディアゴが自分の母親のもとを去って別の女性のもとに行ったという事実を受け入れることができなかった。継母とうまくやっていくこともできず、そのことで父親とよく口論になった。ディアゴはやがて息子の気持ちがわからなくなり、常にフラストレーションを感じ、感情的に距離を置くようになった。

息子が亡くなる前日、二人は一緒に食事をした。夕食中に息子はディアゴに対して、「父さん。あなたはもう僕に会えなくなるだろう」と言った。ディアゴは息子が自分をまた挑発して口論させようとしているのだと思ったが、翌朝になると息子の死の知らせが届いた。ひどく打ちのめされ、自分を許すこともできず、ディアゴは罪悪感に陥《おちい》り、鬱状態になった。彼がワンネスの私たちのもとを訪れた頃には、自殺願望を抱き始めていた。彼はもはや妻と3人の幼い子供たちとの間につながりを感じられなかった。仕事にも興味を失ってしまい、職を失った。彼は急速に減っていく貯蓄を取り崩して生活していた。彼の健康状態は悪化し始めていた。

クリシュナジの前で自分の気持ちを伝えた後、彼は突っ伏して、泣き始めた。自分自身を罰したいが、償える唯一の方法は死ぬまで苦しみ続けることだ、と彼は言った。ディアゴは死んで息子のもとに行き、許しを乞いたいということも願っていた。クリシュナジは、ディアゴに解放のプロセスを与えた。そのプロセスに入ると、ディアゴは自分の心の傷や怒り、罪悪感がすべて自己執着でしかないことに気づき始めた。

それまで彼は、息子を愛する唯一の方法は罪悪感の中で生きることだと信じていた。残りの人生は苦しみ続ける運命にあると決めつけていた。ディアゴは、これが愛ではなく、無意味な執着であることに気づきショックを受けた。自分に執着することによって、息子との思い出や今の妻や子供たちと穏やかにつながることもできなくなっていた。彼の思考は自分のことだけに向かっていたのだ。

「なぜ私はこんなに愚かだったのか？　なぜ私は息子が発していたＳＯＳをすべて無視してしまったのか？　なぜ私はこんなに利己的になってしまったのか？　私には生きて幸せになる資格はない。私のせいで息子は死んだのだ。私は罪のない息子を殺してしまった。私こそが息子をこの世に生み出したのに、私は息子に対しての責任を全うできなかった。息子が今生きていないのは私のせいだ。私は自分自身を決して許さない。ああ、なぜ私はこんなに愚かだったのか？……」。これらの思考が、ここ数カ月の間、ディアゴの頭の中で絶えず再生されていた。

彼が、自分の内なる真実をはっきり見たとき、つまりすべては自己執着であって愛ではなかったと気づいたとき、罪悪感からの解放が起きた。ディアゴは、自分が今生きている家族とのつながりまで断ち切っていることに気づいた。彼は無意識のうちに、家族との間で息子との関係性と同じパターンを繰り返していたのだ。

罪悪感から解放された後に、ディアゴは深い穏やかさの感覚を体験した。彼の中で絶え間なく続いていた、不要なマインドのおしゃべりが止まった。クリシュナジからディクシャを受けた後、彼は息子の存在を近くに感じることができた。そして心の中で息子に向かい、自分がつながりを絶っていたことや感情的に不在だったことへの深い許しを求めた。彼は息子が自分のハートに溶けていくのを感じた。

その体験をした後で、彼はこう言った。「私は息子と会うために死ぬ必要はないのですね。息子はこれまでも、これからも私の一部であり続けるのですから」。彼の、自分との戦いは終わった。そして、息子とのつながりのスペースから、ディアゴは自分に問いかけた。「息子を追悼して私に何かできることはないだろうか？　私が世界に貢献することで、息子を幸せにできるようなことはないだろうか？」。

ディアゴは、息子がＤＪの仕事を愛していたことを思い出した。そこで彼は、自分の街で才能発掘コンテストを毎年開催し、最高の人材を集め、彼らの成長に全力を尽くしてサポートすることを決意した。それが彼から息子への贈り物だった。

私とクリシュナジは、私たち二人の人生はもちろん、ワンネスで学ぶ人々の人生でも、苦しみから解放されるにつれて魔法のような解決策が地平線上に見えるような体験を何度もしてきた。長年続いていた試練さえも、蒸発するように消える。鬱や不安さえも、その拘束力を失っていく。

もちろん、苦しみからの解放は、それ自体が素晴らしく、それ自体がご褒美のようなものだ。しかし、その解放に加えて、この本で私たちが伝えている愛とつながりという美しい状態《ビューティフルステート》を育むためのステップを、あなたが今後も踏んでいくなら、宇宙からのサポートは間違いなく信じられないほどの祝福としてあなたのもとにやってくる。

ここで私は、自己執着から静寂や穏やかさという美しい状態《ビューティフルステート》へ移行するのに役立つ一つの瞑想をあなたと分かち合いたいと思う。

この「セリーンマインド・プラクティス」は、世界中の多くのリーダーや探求者、さらには10代の若者や小さな子供たちも実践しているものだ。

彼らは、この瞑想を習慣にして以来、周囲の状況が魔法のように整頓され、以前には想像もできなかった方法で人生の試練や課題に対処できるようになったと報告してくれている。

これは非常にシンプルでありながら、自己執着する状態《ステート》になることを予防するためにも効果的な実践だ。自分の中に葛藤が生じたときにこの瞑想を行なうと、すぐに葛藤から出て明晰さが生まれてくる。そして深い静寂へと入り、人生の課題や試練に対する解決策という気づきが生じてくる。

ワンネスキーワード⑩　プロセス（Process）

ワンネスのプログラムの一部として非常にユニークなものが「プロセス」です。特別な瞑想法、呼吸法に加え、古代の神秘のテクノロジーを使う感情解放の時間であり、その後も続く体験のことです。私たちは皆、何らかの形で過去に心の傷を経験しています。プロセスの時間に、参加者は宇宙知性とつながります。奥義的な呼吸法やマントラ（音の振動）詠唱、特定の神聖な姿勢の組み合わせによって、様々なエネルギーセンターの目覚めや活性化が起き、スピリチュアルなエネルギーであるクンダリーニが上昇し、ハートの傷ついた部分が癒されます。これは非常にパワフルな体験です。興味のある方は、是非、オンラインのマニフェストや対面のストレスデトックスクラスなどに参加ください。プロセスによって解放が起きると、内側に安らぎを感じ、自分が完全であるという状態を体験します。結果として、願いの現実化が起きたり、健康状態が楽になったりする方が多いです。宇宙知性については、第3章で詳しく説明されています。

穏やかさに帰るための「セリーンマインド・プラクティス」

セリーンマインド・プラクティスへようこそ。

この3分間の瞑想は驚くほどシンプルでありながら、非常に効果的であり、あらゆる年齢層の人が行うことができます。

毎日、またはストレスを感じたときに実践できるようにデザインされています。

あなたが内側で葛藤を感じた瞬間に実践すると、混乱した状態から明晰さのある状態へと導かれます。セリーンマインド・プラクティスを定期的に行うことで、感情的な中毒を断ち切ることができます。

この瞑想によって、内側が静まります。それにより、人生の試練や課題に対する気づきが現れるでしょう。

それでは、静かに座りましょう。体は動かさないでください。

すべての注意を呼吸に向けながら、ゆっくりと腹式呼吸を3回繰り返します。

自分自身を観察しましょう。

今、自分が感じている感情を認識します。

自分の思考の流れが向かう方向を観察しましょう。

あなたは過去に執着していますか？
混沌とした未来を投影していますか？

それとも今、この瞬間にいますか？

眉間に小さな炎があり、それが頭の中央に向かって移動していくのを想像してください。

この炎が頭の中央に浮かんでいるのを想像してください。

では、目を開けましょう。

あなたは今、人生の状況がどうあろうとも心を落ち着かせていくための鍵を手に入れました。

ストレスの多い日には、一日に4~5回でもセリーンマインド・プラクティスを行ってほしい。翌朝までに脳内に深い鎮静効果が現れるのがわかるだろう。

このパワフルな実践の最も良い点は、所要時間がわずか3分で、いつでもどこでもできることだ。子供やパートナーと口論していても、少し立ち止まって、この瞑想をすることができる。

会議の前に、自分の考えが不明瞭になっていると感じた場合も、一度気分をスッキリさせるためにこの瞑想をすることができる。

朝のヨガや運動をすることに対する抵抗感を克服するためにこの瞑想を活用することもできる。あなたにとって必要なのはたった3分間立ち止まることだけだ。その後は、新たな集中力とエネルギーを持って日常生活に戻ることができる。それを忘れないでほしい。

過去に執着したり、未来に不安を投影したりしなくなったとき、自分がセリーンマインド（穏やかな心）に到達したことがわかるだろう。あなたは、現在の瞬間からもたらされるものが何であれ、それを穏やかに、かつ楽に受け入れる準備ができている。

自分の内なる真実にアクセスする方法を理解したあなたは、今、第2の人生の旅に乗り出す準備が整った。

では、始めよう。

（訳注　セリーンマインド・プラクティスの音源も、58ページで紹介しているサイトやYouTubeチャンネルで無料配信しています）

第2の人生の旅

内なる分断を解消する

Byシュリ・プリタジ

私たちの娘のロカーが5歳のとき、彼女に英語を教えていた家庭教師がアビゲイル・グリフィスの「インサイド・アウトサイド」というタイトルの詩をロカーに読ませた。それは、こんなふうに始まる詩だった。

私の内側の自分と、外側の自分
その2つは、とても違うもの。

この詩はさらに、自分の外見と、自分が自分をどう感じているかが違うということを描写していた。

家庭教師はロカーに、この詩を見本にしてロカー独自のバージョンの詩を書くようにと伝えた。25分後、ロカーが見本のような詩を書いていないと言って、家庭教師はロカーが書いた詩を私に手渡した。「ロカーの詩は見本の詩とは違いますが、それでもあなたはロカーが書いた詩をお好きなはずです」と言って立ち去った。
　以下が、ロカーが書いた詩だ。

私は可愛い。
まるでブンブンいうミツバチみたい。
私は自分と違う誰かにはなりたくないの。

私は頭が良くて、賢い。
優しくて、親切。
すでに良いものなのだから
変える必要はないでしょう?

私は、いい人みんなと友達になりたい。
私は私。

あなたは、あなた！

見本となった詩は二つの内なる声を持つ人間の気持ちを描写していたが、ロカーにはそのような内なる分断がなかったのだ。人はロカーに会うと、美しい状態《ビューティフルステート》にある存在とはどういうものかを目撃する。それは彼女の子供時代だけに限らない。ロカーは今でも、同じ内面の明晰さと葛藤のない状態を持ち続けている。

おそらく私たちも皆、子供の頃はそうだった。大好きな人たちを思いっきり、かつ人の目を気にせずにハグしたことがあるはずだ。私たちは犬の毛並みの柔らかさや果物の甘い味に大きな喜びを感じた。太陽が水滴で作る虹について真剣に考えを巡らせたりした。人生に与えられるシンプルな喜びが、五感を通して私たちを感激させた。私たちは喜びに満ちて、完全で、自分と一つだった。

しかし人生のどこかの段階から私たちの多くは分離感を感じ葛藤する個人となり、自己執着が始まった。現代社会は様々な形で、この分離感を強化している。テストの点や順位に基づいたシステムで教育を受けた私たちは、比較し、競争し、互いにジャッジし合うことを学んだ。クラスメイトを友達としてではなく競争相手として見るように教えられた。

私たちの戦いは、他人に対するものだけではなかった。私たちは自分と戦うことも教えられた。なりたい自分の姿を頭の中に描き、その通りにならないとイライラした。私たちは無意識のうちに〝プリーザー〟（訳註　pleaser。他人の顔色を伺って、機嫌を取ろうとする人）か〝プルーバー〟（訳註　prover。他人に自分を証明しようとする人）かのどちらかになった。

プリーザーは、他人を不快にさせることを恐れて生きる。従って、他人を満足させるための選択や行動をする。

プルーバーは、過去の傷を忘れることができず、マインドの中では怒りの会話を続けている。従って、私たちを傷つけた人々が間違っていたことを証明するために人生の選択をする。私たちは戦い続ける人生に慣れすぎて、別の生き方があることを忘れてしまう。

しかし、そもそも私たちはどのようにして、すべてが完全である美しい状態《ビューティフルステート》からこれほど切り離されてしまったのだろうか？　私たちはどのようにして、本来の美しい自分でいるのをやめてしまったのだろうか？　どうしてここまで自己中心的で自己執着する人間になってしまったのだろうか？

なぜ私は不幸なのか？

毎朝、あなたが目覚めて最初に会う相手は誰だろう？　夢の中も含めて、人生のあらゆる瞬間

あなたは愛している相手を愛しているだろうか？

を共に過ごす相手は誰だろう？　一人でいるときも、あるいは他人のそばにいるときも、あなたは誰と一緒にいるだろう？

答えは、あなた自身だ。

その「あなた」のことを、あなたは愛しているだろうか？　大切にしているだろうか？　それとも、否定して、ジャッジしているだろうか？　あなたは、あなた自身の親友だろうか？

友人や家族、同僚に対して腹を立てたときに何が起きるかを思い出してほしい。あなたは相手を変えようとする。相手にアドバイスを与え、相手の行動には我慢できないと伝える。相手が変化してくれるように祈ることさえある。もし、相手がそれを拒否したら、あなたは相手から距離を置くかもしれない。できるだけ一緒に過ごす時間を減らして、連絡が来ても、すぐには返信しないかもしれない。さらに状況が耐えられなくなると、その関係を完全に断つことさえあるかもしれない。

しかし、あなたが不満を抱いているその相手が、自分自身だったらどうするだろう？　苦手な相手が自分自身だったらどうするだろう？　あなたが毛嫌いしている相手が自分自身だったらどうするだろう？

ここで立ち止まりましょう。

自分自身との関係を発見する旅に入りましょう。

ほとんどの人は自分自身のことを知りません。

目を閉じましょう。または、近くの床を優しく見つめましょう。

深く息を吸い、ゆっくりと息を吐きます。これを数回繰り返しましょう。

今、静かに、自分自身との関係に注意を向けていきます。

これまでに、自分に対する不満や嫌悪感を抱え、苦しみの状態にいた瞬間を思い出しましょう。

深呼吸して、その瞬間の自分の内側の状態を観察してください。

それでは、目を開けましょう。

あなたはおそらく、自分自身との美しいつながりの瞬間を体験したことがあるだろう。その時のあなたはただ、ありのままの自分を愛していた。

同時に、内側で痛みや不快感を覚えたこともあるだろう。そのようなとき、外側の世界に解決策を求めて逃避したかもしれない。内側での葛藤など、よくあることだと受け止めたかもしれない。そうやって、自分が「戦う自己」ではなく、「美しい自己」であることを忘れてしまったのだ。あなたはジャングルで生き残れるかどうかを心配している羊ではなく、ライオンだというのに。

もし私たちが自分自身との美しい関係を築けないままでいるなら、自分の歩き方、話し方、話す内容、考え方、成功への努力など、すべてに対して自分を疑い始める。このような苦しみの状態に陥《おちい》ったら、何を達成できるというのだろう？　この苦しみは解消しなければならない。

広がり続ける内側の分裂に対処できず、多くの人が必死になって自分の体のあちこちを削り、作り替えようとする。何百万人もの人々が薬物中毒やアルコール中毒になり、自殺を考えたり、実際に自殺してしまったりする。自分をどう感じるかを変えるために、外側の世界に解決策を求める人はたくさんいるが、人間が自分と戦い続けながら幸福を得たことなど、これまで起きたことがない。あなたが自分との戦いに時間の大半を費やしたら、結局のところ、人間関係や富、余暇、または成功を楽しむためのエネルギーがどれだけ残るだろう？　私たちが自分との関係に平和を保てないとき、一体何が起きるのだろう？

あなたは、子供の頃に鬼ごっこをしたことがあるだろうか？

私が鬼ごっこをしたときは、まず輪になって立ち、「イーニー、ミーニー、マイニー、モー。虎のつま先をつかんで捕まえろ！」と言って（訳註　日本では何かを選ぶときに「ど・れ・に・し・よ・う・か・な…」と歌うのと同様に使われる歌）、鬼となった子供が他の子供を捕まえて、最後に鬼一人だけが残るまで続けるというものだった。

私たちは何をしていたのだろう？　自分で選択をする代わりに、運に任せたということだ。そうすれば、鬼を選ぶのに誰も責任を取らなくて済むからだ。

自分の内側で調和が取れていないと、大人になってからも全く同じようなアプローチで人生の最も重要な決断を下すことになる。私たちが優柔不断になってしまうのは、苦しみの状態によって自分と自分の選択に対する信頼や敬意が奪われてしまうからだ。私たちは、仕事や配偶者、ビジネスパートナーを選択する過程でも、「イーニー、ミーニー、マイニー、モー」を歌い続ける。自信を持って選択したり、決断したりできないからだ。

たとえ選択したとしても、私たちは疑い続ける。三年間交際している相手がいても、この人で正しいのかと疑う。入社して10年も経っているのに、自分のキャリアの選択が正しかったのかと疑う。大学卒業後、しばらく経ってからも、あの専攻でよかったのかと疑う。相反する見解や意見の衝突の中で右往左往している間に、人生がもっと美しいものだということを忘れてしまうのだ。

この内なる混沌に耐えられず、人は次から次へと手っ取り早い解決策を探そうとする。内側の世界に閉所恐怖症の感覚をもたらし続ける葛藤を黙らせる何かを探すのだ。それでいて、どんな変化も長続きしない。世界はあたかも、私たちにひどい仕打ちを与えているだけのように見えてくる。「でも、私は良い人間なのに！」と、私たちは叫ぶ。「人生で他人を傷つけたことがないのに、なぜ私はこんなに不幸なのだろう！」と。

「戦う自己」の三つの表現

有名なインドの神話叙事詩ラーマーヤナでは、悪漢ラーヴァナ王が独自のジレンマを抱えている。彼は、私たちが知っている他の多くの悪漢のような愚かな人間でも、邪悪な王でもない。ラーヴァナは偉大な学識者だった。彼は経典に精通しており、自分の王国に大きな繁栄をもたらした。あらゆる点で高潔であると考えられていたこの男の行動が、どのようにして自分の兄弟、息子、そして一族全体の滅亡につながったのだろうか。なぜ、彼は主人公である英雄ラーマの妻を誘拐したのだろう？　その行為がきっかけとなって、ラーヴァナの王国全体がやがて灰塵《かいじん》と化したのだ。博学な男がどうしてあれほど破壊的な人間になったのか？

物語は、ラーヴァナに10個の頭があったと伝えている。そのいくつもの頭は様々に葛藤する価値観や執着的欲望を象徴し、それらによって彼は自分の頭の中に閉じ込められ続けていた。欲望や価値観が対立を続けることによる苦痛は、どんな博識を持ってしても鎮まらなかった。彼はまさに、自分自身と戦っている人間だった。彼の内側の戦いが、周囲の人々に影響を与えるのにそれほど時間はかからなかった。

ラーヴァナの物語を読んでいると、古代だけでなく現代にも通じる疑問を抱くかもしれない。「なぜ良い人が、悪い人になってしまうのか?」。

私たちは皆、人生のいずれかの時点でこの疑問を抱いたことがあるのではないだろうか。人生の中で、途方に暮れている姉妹や息子や友人たちを見て、「一体どこからおかしな方向に行ってしまったのか?」と不思議に思う。かつて信じていた指導者やアーティストを見て、「どうして彼らはここまで本来の軌道から外れてしまったのか?」と問いかける。

人が内側の戦いの状態に陥《おちい》ると、ラーヴァナのようになり、自己破壊的になるだけでなく他者を破壊するパワーさえ持つ。何百人もいる中で最も善意を持っていた人であったとしても、その内側にいる自己が、対立する価値観の中で戦っている場合、その人は世界に混乱をもたらすだろう。

私たちの内側の戦いの炎は、葛藤し相反する欲望によって引き起こされる。「私は無私無欲の母親になりたい。でもそうすると、キャリアを諦めなければならない……全部は手に入らない」、「私は昇進を望んでいるが、そうなると世界を旅することはできない……私は定職につかないといけない」、「恋愛はしたいけれど、独身生活は手放したくない……何を選んでも私は不幸になるに違いない」。

私たちの内側の戦いは、理想と現実の間の葛藤が原因の可能性もある。私たちは美徳を望みながら、悪徳に惹かれる。忍耐強く親切であることを望みながら、怒りと不寛容で満ちている。しかし、この種の内側の葛藤から自分を解放する方法を知らない場合、どんな解決策を選んでも何も変わらない。あなたの不満はより強くなり、鬱状態にまで悪化し、自分や自分の世界に対する憎悪に発展する。

それがまさに、ラーヴァナに起きたことだ。彼は、葛藤する欲望が自分を破滅させ、王国の運命さえ左右すると知っていたにもかかわらず、その誘惑に勝てなかった。私たちの多くはラーヴァナと同じように内なる苦悩を抱えて人生を送っている。しかし内側の世界が戦場であるなら、どうやって幸福や自由という美しい状態《ビューティフルステート》を知ることができるだろう？

「戦場」だなんて、強い言葉だと感じるかもしれない。確かに、私たちは皆、満足できていないし、多くの場合、他人から過小評価されていると感じる。でも、それが人生だ……と、思うかもしれない。本当にそうなのだろうか？

私たちの人生における葛藤の原因は外側の世界にあるように見える。しかし実際は、以下に話すような「戦う自己」の表現のいずれかを当然視することによって、破壊的な力を世界に放っているのだ。

私たちの内側の戦いの最初の表現は、「縮こまる自己」だ。

縮こまる自己

アレックスは12～13歳のころ、同級生よりも虚弱で体が小さく、クラスのいじめられっ子だった。この屈辱的な状況に対処するために、彼はトレーニングを始めて体操選手になった。大学に入学する頃には、彼はキャンパス内で最もハンサムな学生の一人になっていた。女子学生たちは彼がそばに来ると、卒倒せんばかりにうっとりした。

彼の成功はそこで止まらなかった。ビジネスで大成功を収め、裕福になり、美しい女性と結婚した。しかしそうなった後も、アレックスは他人からどう見られているかを気にし続け、常に自分と他人を比較しながら自分がダメな存在だと感じていた。彼は、妻と過去の女性たちの行動も比較して、妻が自分の愛を感じているのか、必要としているのか、確信が持てなかった。自分があらゆる分野でトップになれば、誰に対しても劣等感を抱く必要はないと考えた。自分が他人に対して劣等感を感じるのではなく、他人が自分に対して劣等感を感じるようになるまで上り詰めると、彼は子供の頃に決めていたのだ。

しかしワンネスを訪れて、真実に対する内側の旅を始めた後、彼は現実が全く異なっていたことに気づいた。あらゆる成功や富を築き上げていたにもかかわらず、頻繁に比較するという彼の強迫的な習慣は全く止まっていなかったのだ！

苦しみの状態にあり続けたことで、彼のビジネスには奇妙なパターンが続いていた。彼が行なうビジネス上の取引はいずれも、たとえ彼に大きな利益をもたらしたとしても、十分とは思えなかった。彼は常に、取引相手のほうが利益を得ていると信じていた。彼はまた、激しい苦闘の後にのみ成功がもたらされるものだと信じていた。彼の頭の中では、自分よりも他人はもっとうまくやっていると思っていた。

このパターンは、彼の内側の不調和が解消されて初めて変化した。クリシュナジからのディクシャを受けた後、彼の中に新たな知性が生じ、限界ある自己という幻想から目覚め、分断や比較へのニーズを感じない意識状態を体験したのだ。

この意識の変容を体験した後、アレックスは創造性と明晰なマインドという美しい状態《ビューティフルステート》にアクセスすることがはるかに簡単になっていると気づいた。そしてこの状態から、今や彼は業績を上げ始めている。

アレックスが体験した縮こまる自己は珍しいものではない。多くの場合、それは自己卑下、自信喪失、または自尊心の低さとして現れる。時にはアレックスのように、縮こまっている自分を大きくしようと必死に試みることで、攻撃的になる場合もある。

しかし、縮こまる自己の真実とは何だろう？　縮こまる自己は、自分を他人と比較し、自分はダメだと感じるという中毒性の習慣によって強化されていく。自分は常にちっぽけで、取るに足らない存在であると感じ、自分より頭が良くて、美しく、才能があると信じる人々の前では不安になる。他人が自分を劣った存在と見てジャッジしていると推測し、さらに他人の目が気になる。縮こまる自己は自信のなさを生み出し、私たちを人生の喜びから遠ざける。そうやって自分のハートが望んでいることを追い求める勇気を持てなくなるのだ。

破壊的な自己

私たちの内側の戦いの第2の表現は、「破壊的な自己」だ。

スイス出身のアリシアとグレッグ夫妻は、10年以上にわたって夫婦間の問題を抱えていたが、ひとり娘のために同じ屋根の下に暮らしていた。娘が大学進学したのを機に、ついに離婚を決意したが、残念ながら、問題はこれで終わりとはならなかった。

グレッグはいつも理性的な男だったが、離婚が成立するとすっかり変わってしまい、憎悪に屈していった。彼は元妻アリシアの人生を困難にすることを自分の使命とし始めた。彼らが結婚していた何年もの間、彼女は高圧的で支配的だったが、彼は従順だった。だから、あたかも離婚によって解放された彼が、長年鬱積していた怒りと攻撃性を発散しているかのようだった。彼は「もしも離婚していなかったらこうだったはず」という理想の家族と、崩壊してしまった現実の家族とを比較し、彼の不幸を元妻のせいにして責めた。

グレッグは学歴も高く、経済的に自立していた。つまり、彼は十分に平穏な生活を送れたのだ。しかしその代わりに、彼は元妻に報復することに執着した。

「破壊的な自己」の状態に陥《おちい》ると、私たちは感情的にバランスを欠き、衝動的で怒りっぽくなる。破壊的な自己は、完璧主義、過剰な野心、冷酷さとして現れる。または快楽や不健全な習慣、仕事などへの中毒および依存症として現れることもある。

この状態《ステート》にあると、私たちは他人を競争相手または敵だと認識する。相手を支配したり自分のパワーを誇示したりすることが、自分の成長や幸福よりも重要になっていく。そうすることで、友人や家族さえも敵にしてしまう。私たちは頑固で無神経になり、仲間や大切な人と呼べる人々がいなくなる。それは私たちに不健全な関係を築かせてしまう。

破壊的な自己から機能するということは、今の自分の人生と「こうあるはずだった人生」とを比較する中毒性の習慣だ。私たちは比較するだけでなく、自分の腹立たしい現実を他人のせいにする。人生は戦いになっていくのだ。

無気力な自己

私たちの内側の戦いの第3の表現は、「無気力な自己」だ。

ベスは生涯を通じて自分と姉妹を比較し、劣等感を抱えていた。彼女は家族の中で、姉妹よりも魅力的ではない存在と捉えられており、学習障害があるせいで、姉妹が享受したような仕事上の成功を得ることはできなかった。さらに悪いことに、両親は彼女を怠け者だと罵倒し、それが彼女の内なる葛藤をさらに悪化させた。

そして彼女は悪循環に陥《おちい》った。食べる量が増え、運動も仕事もせず、かつて持っていたわずかな自信さえ失った。彼女は愚かな投資をして、手持ちのお金をすべて浪費した。彼女は自分にふさわしい人生を夢想したが、それが叶うことは絶望的にあり得ないと感じた。

「無気力な自己」の主な特徴は、無関心、責任感の欠如、怠惰、そして先送りだ。私たちは気力もやる気も失ってしまう。唯一やりたいと思える活動は、白昼夢を見ることだけになってしまうのだ！　この無気力な自己の体験は、何から生じているのだろうか？　ここでもまた、自分と他人を比較する習慣なのだ。「縮こまる自己」は比較によって葛藤し、人生を終わりのない競争のように体験したが、「無気力な自己」は努力することなく諦めてしまう。自分に何か良いことが起こるはずもないと、希望さえ放棄するのだ。

　このような状況のいずれかに自分がいると感じたとき、私たちの多くはそれらを悪い習慣や行動特性として、なんとか修正しようとするだろう。

「縮こまる自分」から抜け出したくて、冒険を伴うような危険なスポーツにハマるかもしれない。低い自尊心に対する解決策は、輝かしい自己イメージを投影することだと思い込んでいるからだ。しかし結局は内側の世界の分断を無意識に悪化させていく。

「破壊的な自己」を乗り越えようとして、自分の行動や教養、言語を洗練させるための努力をすることもある。そして自分自身を管理し、生活を律していこうとするが、多くの場合、一つの中毒を別の中毒で置き換えるだけとなる。

「無気力な自己」から抜け出すために、自分を強制的にジムに向かわせたり、体をデトックスしたり、肝臓浄化までしたりする。しかし、自分の意識には働きかけないままなのだ。そのような解決策が、うまくいくのだろうか？

　外側に見える症状は、内側の深いところで戦っている結果であるという真実に目を向けることなしに、真の変容があり得るだろうか？


ここで立ち止まりましょう。

あなたが「戦う自己」から受け取っている影響を観察していきましょう。
あなたの「戦う自己」は、あなたの一部であり、内側の世界の葛藤の温床となっています。

この状態《ステート》を観察することは、懐中電灯を持って、これまで足を踏み入れたことのない洞窟に入るようなものです。ゆっくりと前に進みましょう。

目を閉じましょう。手のひらを天井に向け、膝の上にそっと置いてください。まずは自分の呼吸とつながることから始めましょう。

深い呼吸をします。
息を吸い、肺を空気で満たしましょう。息を吐くときは、ゆっくりと、すべての空気を吐ききりましょう。

これまでの人生で、自分を嫌いだと思った瞬間、自分に不満を感じた瞬間、さらには自分に憎しみさえ感じた瞬間を思い出し、観察してください。

このような状態《ステート》にあった自分を穏やかに見つめる勇気を持ってください。
嫌悪感から見るのではなく、優しさをもって見ていきます。

あなたの内側の戦いはどのような「自己」へと変化していきましたか？

縮こまる自己、破壊的な自己、あるいは無気力な自己でしょうか？
このような戦う自己の状態から、自分が人生にどのように反応してきたかを受動的に観察してください。
何も変えようとする必要はありません。

目を開けましょう。

内側の状態が人生に及ぼす破壊的な影響について、明晰さを持って観察することができると、苦しみの状態からの離脱が起こります。
自分自身に対して深い優しさを持って観察を続けてください。

自分をジャッジし、批判する傾向を一日の中で観察しましょう。
ジャッジするたびに、自分が何を考えているかの気づきを日誌に記録できたら素晴らしいでしょう。

失われた愛を探して

ムガール帝国の偉大な皇帝アクバルは、大臣たちとの間で知的刺激をもたらす挑戦や議論に熱中することで知られていた。伝説によると、王はあるとき、大臣たちに面白い挑戦をした。王は、「この王国最大の愚か者を見つけるように」と大臣たちに命令したのだ。

大臣ビルバルは非常に機知に富んだ人だったが、一日中探し回っても、国で最大の愚か者を探し出すことができなかった。日も暮れて、疲れ果てたビルバルが王のもとへ戻ろうとしたとき、薄暗い街灯の下で探し物をしている男に目が留まった。

ビルバルは男に近づいて、何を探しているのかを尋ねた。高官の礼服を着たビルバルを見て、この男はうやうやしく、「失くした鍵を探しているのです」と答えた。ビルバルは同情し、男の探し物を手伝うことにした。数分後、ビルバルは男に、正確には鍵をどこでなくしたのかと聞いた。男は、今まで探していた場所から遠く離れた暗闇を指さした。

「あそこで鍵をなくしたのに、なぜここで鍵を探すのだ？」とビルバルが尋ねると、「ここには街灯があるからです」と、男は答えた。

ビルバルはにっこりと微笑んだ。王から与えられた任務を無事に完了したと確信したからだ。

彼は王のもとに戻り、"最大の愚か者"を差し出し、褒美を勝ち取った。

私たちは、内側で激化する戦いに対して、外側の世界で見つけた解決策が平和をもたらさないのはなぜなのかと何度疑問に思ったことだろう。確かに世界には、一時的にスッキリした状態にさせるような、即効性のある解決策が溢れている。しかし、また別の試練や課題に直面すると、全く同じ葛藤、非難、自己嫌悪の渦に引き戻されてしまうのだ。

私たちが問題を解決できないのは、ビルバルの物語に出てくる男と同じように、解決策を探す場所を知らないからだ。そして、ようやく内側を観察しようとしても、今度は苦しみの状態をやみくもに剣で切り裂こうとする。つまり、自己価値を感じられないことや、自分を信じられないことに対して、自分を責め続けるのだ。しかし、低い自己価値や自己不信が、内側の深いところにある何かの表現に過ぎないとしたら、どうすればいいのだろうか?

すべての不幸の根本には、絶え間ない自己執着がある。深く人生を変容させるこの認識を人々に伝えようとすると、私たちはすぐに以下のような抵抗に遭う。

「でも、浮気したのはパートナーです」。

「言うことを聞かないのは子供たちです」。

「仕事を自分の手柄にしてしまうのは上司です」。

私たちは皆、こう思いがちだ。すべての不幸の原因が自己執着だとしても、絶対例外があるに違いない。なぜなら、人生を変容するための本を読んでいるのは私なのだから！　他人が終業時間の5分前に帰っても、私は最後まで残っている。子供たちに食事を与え、水道料金も払い、歯医者の予約確認までしている。他にもあれこれやっている。良い人間になろうとして懸命に努力している私が、自分に苦しみを与えるなんてことがあるだろうか。絶対おかしい。こんなに無私な行動をする私が、自己執着するはずがない！

ここで、「利己的な行動(selfishness)」と「自己執着(self-obsession)」には大きな違いがあることを明確にしておこう。「自己執着」と私たちが言うとき、他人のことを考えない自分本位な行動を言っているのではない。自己執着とは、心の中で自分にとらわれている状態《ステート》を指す。あなたが自分に自己執着はないと否定する前に、こう自問してほしい。

「私は、どのくらい頻繁に、他人と自分を比べたり、他人が自分をどう思っているかを気にしたりして、頭の中で戦っているだろうか？」、「SNSに何かを投稿するとき、一体何度、誰かから否定的なコメントを入れられたらどうしようと思っただろうか？　そして、実際に誰かに何か言われる前に、批判されないように一言加えたことが何度あっただろうか？」、「自分の気持ちを、他人のせいにしたことは何度あっただろうか？　それが自己執着の渦にある自分の思考の結果だったにも関わらず、何度他人が悪いと思っただろうか？」。

自分にとらわれている状態こそが、あらゆる不幸や内側の戦いの温床となっていることを忘れないようにしてほしい。私たちが自分と和解するまでは、内側の世界は争いが続く戦場となってしまう。

のかっ」と歌う。「なぜ彼は魅力的で機知に富んでいる。でも、なぜ私はそうでないのか？」。「なぜ私は銀のスプーンをくわえて生まれなかったのか？　（訳註　裕福な家庭に生まれなかったのか）なぜ彼にはそれが可能だったのか？」。

あなたは、「なぜ私なのか」「なぜ私ではないのか」という歌を唄い続ける。実際、私たちの内側の葛藤は、外側を取り巻く状況とは何の関係もない。あなたは自分の父親ほど背が高くなく、大学のルームメイトほど成功していないとしても、これらは人生における単なる事実であり、そこに良いも悪いもない。その事実によって不便や苦労は起きるかもしれないが、外側の問題には必ず解決策がある。

もちろん程度の差こそあれ、誰もが人生で経験する試練があることを否定しているわけではない。人間として肉体で過ごせる時間は限られており、誰もが完璧な健康や愛情あふれる家族を与えられているわけでもない。この地球上の多くの人にとって、人生は簡単でも親切でもないだろう。

しかし、人生の困難の上に自己執着という大きな渦を重ねてしまうと、人生の不公平さにばかり目が行くようになる。私たちのマインドは、私たちの体も人生も世界のすべてをも、不完全で醜いものにしてしまう。私たちは、あたかも宇宙が故意に自分のすべてを否定しているかのように感じ、痛みに満ち誇張された〝不平等感〟に苦しみ始める。そして「こんなに大変なことばかりあるのに、安らぎを得ることなどできるはずない」と、不平不満を言うのだ。

しかし、苦しみの状態にあると、人生には問題と混乱がさらに山積することに気づいているだろうか？

人生が自己執着によって支配されると、実際の問題は対処されないままになる。常に不安なマインドが発達し、何もされていないのに、侮辱や軽視をされたとすぐに思い込む。自分自身に不満を抱き、「自分はこうあるべき」というイメージに執着するようになる。必死になって心理的サバイバルを試みる中では、他人の基準に合わせて関心を得ようとする。こうして、私たちはたくさんの仮面を被った人になる。その過程で、美しい状態《ビューティフルステート》の真のパワーは、私たちの手をすり抜けていく。

セルフラブ（訳注　自分を愛すること）やセルフケア（訳注　心身のケアのためのライフスタイルの選択）などについて他人と会話する人も多くいるが、多くの場合は表面的な対症療法にとどまり、強迫的な自己執着という核心的な問題にまで辿り着くことができない。私たちの内なる自己は苦しみの状態に留まり、その心の傷は膿んでヒリヒリしている状態だというのに、どのようなセルフケアなら完璧になり得るだろう？　美しい休暇旅行に行っても、頭の中の絶え間ないおしゃべりからの休みを取るためには何もしないとしたら、そのセルフラブはどれだけ本物になりうるだろう？　そのような状態《ステート》にあると、私たちは途方に暮れ、孤立してしまう。人生を祝うことなど不可能だ。

真のセルフラブには、自己執着から出て美しい状態《ビューティフルステート》に足を踏み入れることが必要だが、一体どうやって行えばいいのだろうか？

それは、痛みに満ちた執着から、穏やかな観察へと移行することによってだ。

精神医学の臨床教授であるダニエル・J・シーゲル博士によると、観察の状態に移行するたびに、脳内の神経活動は、恐れや怒りの中枢である扁桃体から、知性のある思考と拡張したつながりの感覚を司る内側前頭前野《ないそくぜんとうぜんや》へと移行するという。

これが現代科学者による「観察」の認識なら、神秘家が見た「観察」の産物は、多くの東洋の神仏に見られる第3の目（サードアイ）の活性化として認識される。

美しい自己を目指す私たちの旅は真実から始まる。

真実だけが私たちを自由にすることができるからだ。

もし、私たちが自分自身の内側の戦いと、その戦いが人生に対する認識をどう歪めているかについての真実を見ることができるなら、それらをジャッジすることなく変容させることができる。その時点で、静けさという美しい状態《ビューティフルステート》が私たちの中に現れる。他者との絶え間ない比較や、深刻な形で起きている他者との断絶を、それと戦ったり恥じたりせずに受け止められるなら、つながりという美しい状態《ビューティフルステート》が私たちの中に自然に湧き上がる。休みなく続く自分への不満から生じる圧倒的な混沌状態を、ただ目撃することができるなら、人生に新たな秩序が生まれる。

勇気を持って自己感覚を変容させた地中海沿岸に住む女性、モーリーンの物語を聞いてほしい。

私たちがモーリーンに出会ったとき、彼女は40代前半だった。彼女は大手企業で働いており、常に険しい表情をしていた。アスリートでもある彼女は、あまり笑わなかった。普通の言葉でも、なんらかの頑《かたく》なさを持って口にした。しかし、私がワンネスに来た探求者たちを完全性《ホールネス》への旅路に導いたとき、モーリーンは真の変容を体験した。

彼女はまだ8歳か9歳の子供だったときに、見知らぬ男にレイプされた。男は立ち去るとき、彼女に唾を吐きかけ、「お前はブスだ」と言った。その後の彼女は、強い憤りと自分への軽蔑を克服できず、多くのセラピストに会った。彼女は二度結婚した。彼女は企業で高い地位を歴任し、容赦のない冷酷さと効率性で評判が高かったが、自分が望むような敬意を誰からも感じたことはなかった。

ワンネスで、私たちが彼女を深い瞑想状態に初めて導いたとき、彼女は過去の出来事を受動的な目撃者として穏やかに観察した。「こんなことがあってはならなかった。私の人生はもっと別のものであるべきだった」と、彼女に向かって叫ぶ「戦う自己」はいなかった。「こうあるべきだった」や「こうあるべきではなかった」が消えると、その出来事はただ、起きただけのものになった。彼女の人生の出来事すべて、単にそう起きただけだった。この時、彼女は初めて、傷ついた自己にとらわれることなく、自分の人生を見ることができたのだ。

彼女は、私たちのディクシャによってさらに深い瞑想状態に入り、通常ではあり得ないような体験をした。彼女はまるで宇宙そのものに抱かれているような感覚になった。宇宙が一つの生命体として彼女を抱きしめ、深く傷ついた部分を癒そうとする彼女を助けているかのようだった。

彼女がのちに話してくれたのは、自分のハートがこれまではバラバラに壊れたガラスのようだったが、超越的な抱擁の中で初めて一つにつなぎ合わされたということだった。このような人智を超えた体験は非常にパワフルだが、それが彼女の人生を変えた様子はまさに奇跡だった。常に痛ましく、消えない傷跡を残したかのように思えた体験が、今は静けさという美しい状態《ビューティフルステート》から振り返る、人生のほんの一瞬の出来事になったのだ。

パワフルな変容の体験以来、彼女は自分に対して新たな愛の深みと慈愛を体験した。自己執着への衝動は止まった。誰もが待ち侘びるような昇進の機会を真っ先に与えられたとき、彼女は人生で初めてその申し出を断った。彼女は自分の内側へとさらに旅をすることと、そこでの発見を可能な限り無私な形で活用することを決めていたのだ。

「私は今、他の人を癒したいのです」と彼女は言った。それ以来、モーリーンは組織の若手社員に対するメンターとして自分の役割を新しく定義した。彼女は人生で見つけた愛と共に安らいでいる。

モーリーンの痛みを理解するために、過去に大きなトラウマを経験する必要はない。しかし、私たちは皆、悪夢のように私たちにつきまとう記憶から解放される必要がある。そして調和という状態《ステート》に目覚めなければならない。

「戦う自己」の状態《ステート》の性質を観察すると、それらは皆、私たちを引き裂く内なる批判者であり、人生から喜びと静けさという美しい状態《ビューティフルステート》を奪っていることがわかる。私たちの個人的な過去が単純なものであろうと複雑なものであろうと、これらの「戦う自己」の支配に巻き込まれると、自分の容姿、社会的地位、自分の家や家族、人生そのものなど、自分自身についてのすべてを批判してしまう。私たちの内なる分断の根底にあるのは、人生のあらゆる体験を「こうあるべき」と「こうあるべきでない」に分けて絶え間なくコメントをはさむ習慣だ。その習慣によって、私たちは比較や内側の戦いに駆り立てられていく。

　あなたは自分の体を見るとき、それをありのままに見ることができない。その隅々まで、「こうあるべき」「こうあるべきでない」とコメントする。家族と一緒にいるとき、あなたはそのありのままにいることができない。あなたは家族全員について、「こうあるべき」「こうあるべきでない」とコメントする。あなたが自分の家に入る時も、ただ楽しむことができない。家についても「もっと大きくすべきだった」「もっと小さくすべきだった」あるいは「こうあるべきではなかった」とコメントする。仕事に就いても、目的意識や創造性で満たされることができない。「他の仕事に就けばよかった」「この仕事ではないほうがよかった」と日々ジャッジをする。

　あなたが人生の観察者になると、これらのコメントは不要になり、枯れ葉のように落ちていく。気づきという川の中に消えていくのだ。すると、あなたの存在から深い静けさと喜びの感覚が放射される。このような壮大な意識状態にあると、あらゆる失敗は自分や他人を責める必要なく、ただ学ばれ、吸収される。あらゆる敗北は、自分を正当化したり他人のせいにしたりする必要なく、ただ受容される。他人の言葉や発言は、あなたが自分や自分の体をどう見るかに影響を与えない。

あなたは、自分の怒っている自己にも、嫉妬している自己にも、孤独感を感じる自己にも、安らいでいられる。どの自己も欠点としては見ない。あなたは丸ごとの自分自身でいて、くつろぐことができる。観察を続ける意識状態にあることで、あなたは慈愛と自由の真の意味を理解する。

人生のあらゆる体験についての「良いか、悪いか」「醜いか、美しいか」「こうあるべきか、こうあるべきではないか」という絶え間ないコメントが消えていくと、私たちはプライドや屈辱感を超え、罪悪感や後悔を超えていく。私たちは純粋意識の領域に入るのだ。そこでは、すべてが神聖であり、すべてがただありのままに存在する。あなたの人生に登場するすべての人が、ただありのままに存在する。人生も、ただありのままに存在する。すべてが宇宙の流れなのだ。

内側の戦いから出ると、自分のハートに存在する情熱と人生の大きな目的に目覚める。愛する人々と共に、もっと今の瞬間を生きられるようになり、自分の仲間やコミュニティ、そして世界に対して今まで以上に貢献できるようになる。周りの人々の人生に変化をもたらしたいと深く感じられるようになるのだ。

「あるべき姿」も「あるべきでない姿」も超えて「あるがまま」へと入る。そのとき、私たちは人生を深く愛する。私たちは自分を深く愛する。これこそ、美しい意識状態《ビューティフルステート》だ。

ここで立ち止まりましょう。

急ぐことをやめて、スローダウンしましょう。
深呼吸をしながら、自分の体を感じます。

今、自分との戦いを終わらせるための一歩を踏み出しましょう。
そのためには、自分自身に対する賢明な思いやりが必要です。

快適な姿勢で座りましょう。体は動かさず、静止させます。目を閉じましょう。

あなたの体に、「あるべき姿」も「あるべきではない姿」もありません。
あなたの体はただ、あるがままに存在しています。

ゆっくりと、呼吸をしましょう。

ハートの中に自分の家族を思い浮かべましょう。
家族に「あるべき姿」も「あるべきではない姿」もありません。
これは、あなたの家族です。それはただ、あるがままに存在しています。

深い呼吸をしましょう。

あなたの家を思い浮かべましょう。

家の「あるべき姿」も「あるべきではない姿」もありません。

ここは、あなたの家です。

それはただ、あるがままに存在しています。


最後に、優しさを持って、自分に対する批判を観察しましょう。ジャッジしてしまう自分に腹を立てないでください。ジャッジしてしまう習慣に向けて、微笑みましょう。

そこに「あるべき姿」も「あるべきではない姿」もありません。

あなたのマインドの中に生じているものがなんであれ、ただ、あるがままに存在しています。


準備ができたら、目を開けましょう。

あなたは素晴らしい瞑想を体験しました。この瞑想のインパクトを何度も受け取りたいと思うかもしれません。自分の内なる真実を静かに観察できると、穏やかさと内なる完全性という美しい状態《ビューティフルステート》に導かれます。自分との戦いが終わると、あなたは新しい歌を歌い始めるでしょう。

それは「私の人生は美しい」という歌です。

戦う自己から美しい自己に変容するための、ソウルシンク瞑想

美しい自己として現れるためのソウルシンクをしましょう。
「自分自身のすべて」と、穏やかで調和した状態にあるとはどういうことかを知りたいというビジョンを持って、このソウルシンクをしましょう。

では、始めます。

椅子またはクッションに快適に座り、そっと目を閉じます。

手のひらを上に向けて、太ももの上に置き、親指で他の指に触れながら呼吸を数えます。人差し指から始めて、中指というようにして8回数えましょう。子供と一緒に瞑想している場合は、カウントを4に短縮しても良いでしょう。

【第1ステップ】

8回深く息を吸い、ゆっくりと吐くことから始めてください。一つの呼吸から次の呼吸に移るときに、

指で数をかぞえましょう。

【第2ステップ】

深く息を吸い、息を吐きながらハチの羽音のようなハミングの音を出しましょう。息が楽に続けられるまでハミングの音を出し、音に集中していくと、くつろぎが深まっていきます。これを8回行ないます。

【第3ステップ】

今度は、8回の呼吸をしながら、吸う息と吐く息の間の小休止を観察しましょう。息を吸って息を吐くと、吸う息の後、吐く息が始まる直前に自然に生じる、ほんのわずかな小休止があります。無理に、息を止めようとはしないでください。

【第4ステップ】

それでは、穏やかな状態から、拡大意識の状態へと入っていきます。次の8回の呼吸では、息を吸って、息を吐きながら、心の中で「アーハム（Ah-hum）」と唱えます。

【第5ステップ】

あなたの体、周りのすべての物やすべての人々が、光の中へと拡大していくことをイメージし、それを感じましょう。

この意識状態において、分離や分断はありません。

このフィールドでは、思考と物質は一つです。

すべての形が一つの光の海に溶けていくと想像してください。

願いと現実は一つです。

【第6ステップ】

自分が、美しい自己として存在しているとイメージするか、又はそれを感じましょう。

今の瞬間の、あるがままの自分に、安らかさを感じている存在です。

今の瞬間の、あるがままの人々に、安らかさを感じている存在です。

今の瞬間の、あるがままの人生の状況に、安らかさを感じている存在です。

今の瞬間の、あるがままの世界に、安らかさを感じている存在です。

あなたは今、素晴らしい瞑想の体験をしました。

あなたが、人生と調和した流れを体験できますように。

第3章

宇宙知性に目覚める

第3の神聖な鍵

Byシュリ・プリタジ

人間の身体は自然の中に存在する60種類の元素からできている。現時点で、これらはわずか約160ドル（訳註 2024年11月現在で約二万五千円程度）で買えてしまう。これらの元素のうち、酸素と水素、炭素と窒素、カルシウムとリンの六つだけで肉体の99％を構成する。

興味深いことに、身体はこれら六つ、または60種類の元素を容器の中で混ぜ合わせて振って完成するような単純なものではない。信じられないほどの壮大な知性がそこに存在しているからこそ、これらの化学物質が心臓や脳、血液、骨、DNAに変換されるのだ。

これら60種類の元素がどのようにして人間を形成する200種の異なるタイプの細胞を作るのか、通常では到底理解できない。松の木であれ、キノコであれ、アメーバであれ、クジラであれ、サイであれ、あなたが出会うすべての生命体の背後には、普遍的な宇宙の知性が働いているのだ。

では、知性は身体のどこに存在するのだろうか？

一般的な答えとしては、脳と言えるだろう。1000億個のニューロン（神経細胞）、1兆個の支持細胞、1000兆個の神経間結合を備えた臓器が、脳だ。

一方、心臓にも、脳のニューロンと非常によく似た約四万個のニューロンがあり、感情や感覚、直感、意思決定のプロセスに関与していることを知っているだろうか?また、腸にも五億個のニューロンが存在する。これらの臓器は両方とも、感情と意思決定に関与している。

ワンネスが導く変容を促すプロセスでは、人々が脊髄のニューロンの様々な場所に保持された古い記憶を解放するのを、私たち2人は見てきた。ひとたび解放が起きると、その人の過去へのアクセス方法が完全に変化する。そして、彼らの行動や言葉は、もっとポジティブになる。

つまり、脳に知性があり、心臓に知性があり、腸《ハラ》に知性があり、脊椎にも知性があるのだ。知性は身体の一部だけに存在するわけではない。また、知性が人間の体で脳だけに限定できないのと同様に、脳を持つ生物だけが知性を持つわけではない。そして脳、腸《ハラ》、心臓、脊椎の知性が分断されずに一つの知性として機能するのと同様に、多くの生命体が存在するこの広大な、目に見える宇宙の背後には、目に見えない一つの宇宙知性がある。その宇宙知性にアクセスできるとしたら、あなたはどう思うだろうか?　実際、それは可能なのだ。

宇宙知性のギフト

人間関係における断絶感や人生の停滞に苦しんだことのある人なら、この第3の神聖な鍵は真のギフトになるだろう。実際、非常に多くの人々が、世界は冷酷で思いやりのない場所だという明らかな証拠を目にして、自分の願いや夢を叶えてくれる何かしらの存在がいることへの希望をあきらめている。

しかし、人生をこのように感じる必要はない。あなたが宇宙知性に目覚めると、新しいアイデアの波がやってくる。人生がスムーズに進んでいると感じられる偶然の一致やシンクロニシティを体験する。

シュリニヴァーサ・ラマヌジャンはインドの偉大な数学者の1人だ。ラマヌジャンは頻繁に、完全なゆだねの意識状態に入り、複雑で込み入った数式や定理を宇宙知性からの啓示として受け取った。その後で、通常の意識状態に戻り、受け取った数式や定理を逆算して証明した。その死後百年が経った今、彼の研究はブラックホールについて理解するために使用されている。

あらゆる心配や恐れ、執着を手放し、宇宙知性に助けを求めることができれば、すぐにその助けがやってくることにあなたは気づくだろう。それは、頭に浮かぶアイデアとして、体には癒しとして現れる。外側の世界では、偶然の一致として、あるいは人生の課題や試練に対する素晴らしい解決策として現れる。

このことは、インドに伝わるある寓話を思い出させる。ある日、小さな町の動物たちが皆で一緒にジャングルへと散歩に出かけることにした。馬、ロバ、ネズミ、豚、コウモリ、猫も参加した。突然、町役場に住むトカゲがどこにも見当たらないことに、犬が気づいた。そこで犬は町役場まで走り、天井にへばりついていたトカゲに向かって、一緒に行こうと声をかけた。

トカゲは心配顔で答えた。

「ごめんよ」と彼は言った。「散歩には行けない。だって、僕のお腹でこの屋根を支えているんだ。僕がここから降りると、町役場の屋根が落ちてしまうんだよ」。

ある意味、恐れや心配、絶望の状態で生きているとき、私たちもこの無知なトカゲのようになる。恐れによって、より大きな真実を見ることができなくなるのだ。

不要な苦しみを手放し、ゆだねの状態に入ると、あなたは宇宙とつながって前進する道を切り開く。欲しかった答えが、眠りにつく直前や夢の中でアイデアとして浮かんだり、深い明晰さと共に朝目覚めたりする。または、友人から連絡があるという形で答えがやってきたり、その課題に対してどうすればいいかを同僚が知っているとわかったりする。

ディバイン（神聖な存在）と人間のつながりは、おそらく知られている中で最も古い関係性だ。人は結婚10周年記念日や25周年記念日などを祝う。でも、ディバインとの関係性の1万周年や

8万周年を祝うことを忘れてはいないだろうか？　最も長く続いている関係性は、人類と宇宙意識との関係性なのだ。

この神秘的な関係性への言及は、あらゆる土地や記録された歴史の中にも見られる。通常の感覚を超えた現実への理解が、神秘主義者に啓示として現れたりもした。特定の文化では、宇宙意識またはディバインとの関係性は非常に個人的なものであり、また別の文化では非個人的なものだった。バチカンにあるミケランジェロの絵画にも、世俗的な日常意識に手を差し伸べる超越的存在と、超越への上昇を求める世俗的存在という時代を超えた関係性が描かれている。

自然界が私たちの脳に、見る、聞く、ふれる、感じるという能力を与えたのと同様に、自然界はまた普遍的なものを体験するための扉を私たちの脳に与えているはずだと、私たち2人は信じている。ゆだねの意識状態に移行することで、おそらく人間の脳の特定部分が活性化され、宇宙知性の体験がアクセス可能になるのだ。

私たちの手元には、ワンネスで学んだ人々が宇宙知性のパワーと恩寵を体験したという無数の体験談がある。その一つが、英国から来た医師のものだ。この医師は45歳のときに定期検診を受け、体内のガンの腫瘍マーカーのあらゆる数値が異常に高いことを発見してショックを受けた。しかし、彼の担当医たちはガンがどこで増殖しているのかを特定できなかった。彼は自分に全面的に頼って生きている妻と娘たちのことを非常に心配するようになった。

数回の検査と治療の後、彼は絶望した状態でワンネスを訪れた。彼は、私たちと共にいる間、自分の恐れと不安が先ほどの物語に登場したトカゲの恐れや不安と似ていることに気づいた。彼の中で続いていた混沌とした未来への投影は、「妻と子供は彼なしでは生きていけないだろう。彼の早すぎる死によって、妻子は悲惨な人生を送るだろう」というものだった。

ワンネスのキャンパスで7日間を過ごした後、彼は死への強迫的な恐れを手放した。ハートの中で、宇宙知性との信じられないほど素晴らしいつながりに目覚めたのだ。宇宙知性が、もはや単なる概念ではなくなった。それは深い発見だった。

帰国後、腫瘍マーカーがすべて正常レベルに戻っていることが判明した。今の彼は、ワンネス・トレーナーとして、他者が美しい状態《ビューティフルステート》で生きることをサポートしている。

ワンネスで学ぶ別の男性は、全く違う形で宇宙知性を体験した。彼は18年前に大学を卒業して以来、有名な自動車会社で働いていた。私たちと出会う数年前に副社長に昇進し、新しい部署を率いるためにインドに転勤してきた。ただ、彼はその任務を嫌っていた。それは、彼が友人たちと巨大なコミュニティを築いていたフランスから離れることを意味していたからだ。

インドに来てから偶然が重なって、彼はワンネスのキャンパスにやって来た。彼は常に、フランスに帰りたくて仕方がないと言っていた。やがて彼は、この執着がいかに自分を不幸にしているかに気づき始めた。ワンネスで様々なプロセスを経ていくうちに、彼は不安を手放し、宇宙知性との間に安らぎに満ちたつながりを築き、自分が進むべき道を示してくれるように宇宙知性に求めた。

その後、彼はインドの道路に対する多大な貢献を楽しみながら、不愉快な社内政治さえ穏やかに受け止めた。彼は仕事を通じて、多くの人に雇用の機会を創出し、車のドライバーたちにとって安全な道路を作った。彼はソウルシンク瞑想で一日を始め、ゆだねという美しい状態《ビューティフルステート》になり宇宙とつながることで一日を終えた。

来る日も来る日も、彼の意識の静寂の中には様々なアイデアが浮かんだ。彼は問題を解決し、ビジネスを飛躍的に成長させた。その頃、フランスのグリーンエネルギーの分野で、突然予期せぬチャンスが展開し始めた。

そして今や、彼はこの分野を牽引するリーダーだ。宇宙知性が彼に扉を開いたのだ。

あなたも宇宙知性とつながりたいだろうか？

次の瞑想を試してほしい。

宇宙知性につながる瞑想① 四つのステージで宇宙知性につながる

この瞑想はあなたに、人生の試練に立ち向かう勇気を与え、直感や偶然の一致への扉を開きます。なんらかの宗教や信仰から行なう必要は一切ありません。むしろ宇宙知性と向き合う姿勢がシンプルであればあるほど、宇宙知性とつながりやすくなります。

それでは、始めましょう。

無力感や絶望感を超えて、パワーと力強さのスペースへと入るための素晴らしい瞑想をしましょう。

この7分間の瞑想では、宇宙知性にアクセスするために、4つのステージを経ていきます。楽な姿勢で座るか、横たわってください。目を閉じましょう。

（絶望や心配を簡単に手放すために、第1ステージの前にあらかじめセリーンマインド・プラクティスを行なってもいいでしょう）

【第1ステージ】

心の中で、こう言いましょう。「私は、自分の中にある絶望や心配をすべて手放します」。

息を吸います。

心の中で、こう言いましょう。「私は、穏やかです」。

息を吐きます。

心の中で、こう言いましょう。「私は、穏やかです」。

自分の願いに対する不安、恐れ、絶望をすべて手放してください。

【第2ステージ】

ハートの中に存在する宇宙知性への気づきへと自分を開きましょう。

宇宙知性を、パワーや穏やかさ、愛という深い感覚として体験するかもしれません。または、ハートの中に存在する炎や輝く光、個人的な神という神秘的なビジョンを体験するかもしれません。または、慈愛に満ちたプレゼンス（存在）として体験するかもしれません。

【第3ステージ】

あなたの願いを、喜びに満ちた状態からお願いしましょう。明確かつ具体的に願ってください。生命体に話しかけるように宇宙に話しかけましょう。

【第4ステージ】

あなたの願いがすでに叶っているとイメージします。

宇宙のギフトに対する感謝心でハートを満たしましょう。

目を開けましょう。

この瞑想で、あなたは自分の内なる神秘にふれました。

この瞑想を行うと、あなたは目の前の人生の状況に制限されなくなります。自分自身の人生に変化をもたらすパワーを与えられていると感じるのです。

宇宙知性につながる瞑想② 就寝前に宇宙知性とつながる

夜の瞑想を始めましょう。

これは、限界のあるマインドを超えて宇宙から引き寄せを行うためのものです。この瞑想は、毎晩行うこともできます。

【第1ステップ】

そっと目を閉じてください。ゆっくりと息を吸い、息を吐きます。意識的に呼吸をしてください。

【第2ステップ】

あなたの人生の中で、宇宙知性のサポートが必要だと感じる状況を今、思い浮かべましょう。通常の思考をする脳では解決策を見つけられないと感じているのは、どのような状況でしょうか？

【第3ステップ】

次の言葉を繰り返してください。

「私は、小さく限界ある自己の絶望を手放し、宇宙知性が私に流れてくるのを受け入れます」。

この言葉の意味を深く感じながら、心を込めて3回言いましょう。

【第4ステップ】

ハートに注意を向けましょう。

宇宙知性についての気づきが、あなたにとって自然な形で展開していくのを許しましょう。

あなたはそのプレゼンス（存在）を、パワーや平和、愛として感じるかもしれません。自分のハートにとって近しい神秘的な形のビジョンで感じるかもしれません。あるいは、形のない広大なプレゼンスを体験するかもしれません。

【第5ステップ】

あなたの意識の中で、その体験が広がっていきます。その中に没入しましょう。


【第6ステップ】

心の中で、喜び満ちた状態から、親しい人に話しかけるようにプレゼンスに話しかけてみましょう。

「私の、最も深いところにある願いを叶えてください」と、宇宙にお願いしましょう。あなたが絶対的な信頼をおく誰かに話すように、ハートから語りかけましょう。


【第7ステップ】

あなたの意図が今、すでに現実化していると感じましょう。心の中で、願いの成就を喜び、祝いましょう。

このまま眠りましょう。

すると、宇宙知性があなたの意識を開き、直観や魔法のような偶然の一致へと導いてくれるでしょう。


宇宙知性とつながると、どんなパワーを体験できるかについての話をシェアしよう。

先にクリシュナジは、エーカムについて語った。エーカムとは、クリシュナジが両親のビジョンを実現するために建てた場所だ。しかし、エーカムは単なる美しい建造物以上の存在だ。それは、人々が超越性と宇宙知性とのつながりに自動的に目覚めるための神秘的なパワーハウスなのだ。

ロマンス小説作家のジュリーは、2018年8月に開催された第1回エーカム・ワールドピースフェスティバルに来るつもりはなかった。彼女の人生はとても幸せで、これ以上スピリチュアルな方向に向かうことにあまり関心はなかった。

しかし、最終的に彼女の好奇心が勝ち、インドへ行くことにした。エーカムで行なわれたプロセスの初日、自分の中の深い願望について考える時間を与えられた彼女は、慢性疾患を抱えたボーイフレンドのことを想った。「彼が痛みから解放されるためなら、私は何でもします。私は彼を愛しているけれど、もし私たちの関係が彼の解放の邪魔をしているのであれば、私はこの関係性を手放してもかまいません」。

ジュリーがエーカムで祈った翌日、彼女はこれまでに経験したことのないような激しい痛みを感じた。彼女はひどい不快感に耐えながら、この痛みはボーイフレンドが日頃訴えていた種類の痛みによく似ていると気づいた。

自宅にいるときなら、痛みを和らげるために鎮痛剤を飲んだはずだが、ここで彼女は痛みと共にあることを決めた。これまでボーイフレンドに付き添って多くの病院を訪れていたが、彼が慢性的な痛みを抱えながら何に耐えていたのかを切実に感じられたのは、これが初めてだった。彼女はエーカムでの多くの気づきを彼と分かち合いたいと願った。

しかし、彼女が帰国するや否や、まるで世界がひっくり返るかのようなことが起き始めた。ジュリーとボーイフレンドの間にはたくさんの問題が起き始めたのだ。一緒に過ごした1年の間には見ないようにしてきたあらゆる問題が白日の下に晒《さら》されたかのようだった。〃幸せなハネムーン期〃にはお互いに隠していたことの多くが彼女の目の前に現れ、2人の間には溝が生じるとともに緊張も高まった。

その溝があまりにも大きくなりすぎて、彼女には彼と共に過ごす未来が想像できなくなるほどだった。別れを選択するしかないようにさえ思えた。しかし強い絶望を感じたときも、ジュリーはエーカムでの体験を忘れることはなかった。特に彼女が感じたあの痛み。それは、誰にも二度と感じてほしくないほどの痛みだった。彼女はエーカムで、慈愛という超越的な意識状態に目覚めていたのだ。その状態から彼女が決心したのは、彼との間に何が起きても、決して彼を残酷に扱わないということだった。

しかし、ジュリーは彼女自身のことをどう扱っていたのだろう？　ジュリーは、エーカムで自分が意図した願いを思い出した。「たとえ私が彼を失うことになったとしても、彼は痛みから解放されてほしい」という願いだった。なぜ彼の健康を願うのに、彼女自身が苦痛を感じるという交換条件が伴わないといけないのだろうか？　なぜ彼女は神と取り引きする必要があると感じたのか？「もしあなたが彼に健康を返してくれるなら、私の大切な愛を犠牲にします」と宇宙知性に言っていたのだ。

なぜ彼女の中で、宇宙知性は交換条件を必要とする制限された存在として設定されていたのだろうか？　それはあたかも、彼女が幼い頃からむさぼるようにして読んできた数々のおとぎ話が、「愛とは犠牲なしにはあり得ないもの」という信念を彼女に植え付けたかのようだった。恋愛物語は常に絶望で終わるしかないし、宇宙は必ず見返りを求めてくるものだとジュリーはどこかで思っていたのだ。

今のジュリーは何かを選択するときに、「愛か健康か、どちらか」とは言わない。それは宇宙知性につながるという神聖な鍵を学んだおかげだ。何世紀にも渡って語り継がれた挙句に、自分の中に条件付けとして入り込んでしまった「宇宙とは罰するもの」という誤った認識に気づいたのだ。宇宙知性の慈愛深さについて揺るぎない確信を持った今の彼女は、最近では自分とボーイフレンドが健康と愛の両方を享受する未来を思い描き始めている。

しかし、変化したのはジュリーの未来に対するビジョンだけではない。彼女はまた、自分と自分の内側の状態、そして自分と宇宙知性とのつながりを心から大切にし始めている。彼女は、不快感が生じたときに、ポジティブにならなければと自分に言い聞かせることはもうない。彼女は、完璧なパートナーにならなければと思うこともない。彼女の幸せはもう、未来への不安によって曇ることがないのだ。これは、彼女が決して恐れを体験しなくなったということではない。ただ、不安が生じたとき、ジュリーが頼みとするのは〝第3の神聖な鍵〟だ。彼女は宇宙に助けを求め、即座にサポートを受け取る。それは、自分にはどんな試練にも立ち向かう強さがあると思い出させてくれる温かさや愛、つながりの感覚だ。

ジュリーのように、ワンネスで学ぶ人の多くは、関係性に調和をもたらしたいと強く願っている。次の〝人生の旅〟では、あなたは愛の体験に目覚める方法を学んでいく。愛とは意識状態《ステート》であり、パートナーや愛する人々だけでなく、あなたが出会うあらゆる人々との関わりを豊かにするものだ。

ところで、宇宙につながるために「手放す（let go）」と私たちが言うとき、あなたにとって大切なものを諦めることではないと理解しておいてほしい。「手放す」とは、人生の問題に対する絶望感などの苦しみの状態から解放され、ディバイン（神聖な存在）からの罰を受ける恐れや、自分は恩寵を受けるに値しないという罪悪感を「手放す」ことだ。

苦しみの状態が、私たちと大切な人々のつながりを奪ってしまうのと同様に、苦しみにとらわれたまま宇宙知性にアクセスしようとすると、あなたは宇宙知性のパワーとつながれなくなってしまうのだ。美しい状態《ビューティフルステート》であるときのみ、真の意味で宇宙知性、またはディバインから祝福を受けとることができる。

すべての〝神聖な鍵〟は相互に関連していることを覚えておいてほしい。すべての〝神聖な鍵〟をマスターしてこそ、素晴らしい運命を築けるのだ。

第3の人生の旅

ハートが満たされたパートナーになる

Byシュリ・プリタジ

多くの人が、人生で〝正しい(right)〟パートナーを見つけたいと考えている。素晴らしいパートナーシップやロマンチックな関係性を求めることも珍しいことではない。

しかし、愛するとは何かを真に理解している人は、どれだけいるだろうか? 愛とつながりという美しい状態《ビューティフルステート》で人生を生きるとき、私たちは正しい人々を引き寄せるだけでなく、その相手と永続する関係性を持つことができる。愛に目覚めることがなければ、正しい人であったはずが、時間が経つにつれて、私たちにとって間違った人になってしまう。

この洞察を理解していくために、あなたが今、誰かと親密な関係性にある必要はない。過去や現在の関係性における自分の内側の状態の真実を見ることで、同じ制限や痛みのある経験を二度と繰り返さないで済むからだ。

私たちが今から発見していくのは、あらゆる関係性を変容させる崇高な可能性を秘めた〝愛〟という意識状態だ。

私たちの人生の愛

私たちの中で、その人の前では完全に無防備になれる人に出会いたくない人はいるだろうか？特定の態度をしなければならないというプレッシャーもなく、むしろ一緒にいるとワクワクし、お互いへの深い感謝を感じられるような関係性を夢見たことのない人がいるだろうか？　あなたの魂が美しい音楽で満たされるような愛に憧れたことのない人はいるだろうか？

そのような愛は、二人の人間が同じ趣味や情熱や興味を共有しているからといって生まれるものではない。それは、二人が「つながり」という美しい状態《ビューティフルステート》に目覚めたときにこそ起こる。

では、「つながり」とは何だろうか？

私は9歳くらいのとき、他人が私と同じように人生を体験しているわけではないことに気づき、ショックを受けた。私が覚えている限りでは、私はいつも母や父、姉が何を感じているかを感じることができた。先生や友達が何を感じているかさえ感じられた。

彼らの思考を知っていたわけではない。ただ、彼らと自分を隔てる壁がないかのように、相手の気持ちを感じることができたのだ。そして私は、その気づきのある場所から彼らに対応することができた。9歳までは、皆、私と同じだと思っていた。

「つながり」は、今も昔も私の自然な意識状態《ステート》だ。そして、私の人生には、ハートからのつながりを私に与えてくれた人が何人もいる。その中で、私の母と夫のクリシュナジについて話したい。

私はとても幸せで安らぎに満ちた子供時代を過ごした。両親は姉と私をとても大切に育ててくれた。私はいつも冗談で、子供時代の不満はただ一つと言っている。それは、母が私よりも姉を愛していると感じたことで、でも、父が私のことをより愛してくれていると感じていたから、おあいこ！　と言うのだ。

母は私たち姉妹のために多くの犠牲を払ってくれた。彼女は私たちが最高の教育を受けられるようにしてくれたし、素晴らしい文化にふれる機会を与えてくれた。母は私たちを大事に育み、滋養に満ちた食べ物を与え、決して傷つけなかった。クリシュナジに出会うまで、彼女が私に与えたものは、最大の愛の体験だった。

クリシュナジと結婚した後、つながりに対する私の理解と体験はさらに深まった。彼は、私のニーズを満たしてくれるだけでなく、私の内なる存在とつながってくれる。

別の言い方をすると、クリシュナジは母と同じように私を大切にしている。私に様々な形で滋養を与え、サポートしてくれる。ただ同時に、私は今までとは違う体験もしている。クリシュナジは、私が今、内側で何を感じているかを大切にできる存在なのだ。

私が悲しかったり、ストレスを感じていたりするとき、クリシュナジは決してそこから逃げない。彼は私の痛みを気遣い、そこから出るのをサポートしてくれる。私が喜びに満ちているとき、クリシュナジは私の喜びと自分を分け隔てせず、その喜びを自分のものとして祝ってくれる。
自分が喜びに満ちているときに、他者から愛されることは容易だ。しかし、自分が不機嫌なときにさえも、他者から受容され、ジャッジされていないと感じられることは、全く別のレベルの体験になる。

もちろん、クリシュナジも時に、ほんのわずかの間、私に対してイラ立つことがある。しかし、彼はすぐに私がどう感じているかにつながることができる。これは、クリシュナジが私に与えてくれている最もかけがえのないギフトの一つだ。

私たちは30年近く前に結婚したが、クリシュナジはずっと変わらないままだ。クリシュナジは私に特定の態度を期待しないし、私が彼のそばにいるときに「こうあるべき」姿を求めていない。だから彼のそばにいるだけで、安らぎや軽やかさを感じられる。この安らぎとつながりの感覚は私からクリシュナジや娘のロカーへと自然と還元されていく。

さらに言うなら、この愛に満ちたつながりと感受性が、自然な文化としてワンネス全体に流れている。ワンネスで学ぶほとんどの人々は、ここに来て家族の真の意味を体験する。彼らは、自分がここにいるとくつろぐことができて、家にいるようだと言う。実際、ダーサ（講師）たちから内側の状態を大切にされることで、多くの人々は美しい人生を送る可能性に対して自らのハートを開いていくのだ。

あらゆる期待から解放され、分かち合い、つながり合う意識状態は、人生の万能薬だ。どんなに困難な試練でも、それを乗り越え、克服するのを導く静かなパワーになる。この、つながりという美しい状態《ビューティフルステート》は、私たちが皆、自分自身や、自分の過去や現在と和解することで可能になる。

それでは、どうやってそれに目覚めたらいいのだろうか？

それは、私たちが自己執着の束縛から解放され、美しい状態《ビューティフルステート》から人生を生きることによって可能だ。お互いの進化に対して、共にコミットしていくことが、親密な関係性を繁栄させるために不可欠なのだ。自分自身を完全に受容したときにのみ、他者を真に受け入れ、他者から受け入れられていると感じる。過去を恥じる気持ちから解放されたときにのみ、他者と共にいて、くつろぐことができる。自分の現在のあり方に安らぎを感じたときにのみ、あなたに対する他者からの敬意を感じることができる。丸ごとの自分を受容できたときにのみ、自分の完全なプレゼンス（存在）を相手にもたらし、自然体と愛で応えることができる。そのような意識状態《ステート》にあってこそ、子供たちを美しい人生に導く親になることができる。

おとぎ話を解体する

グリム童話「カエルの王子様」を知っているだろうか。

オプラ・ウィンフリーが出演したディズニー・アニメーション映画にもなり、詩人アン・セクストンは詩の中でこの物語を探究している。その豊かな象徴性は、神話学者ジョゼフ・キャンベルによっても考察された。

物語は、孤独な王女が急流の春の小川で黄金の鞠を落としてしまうことから始まる。そのとき、言葉を話すカエルが現れ、王女との交際を交換条件にして黄金の鞠を見つけることに同意する。王女は、このヌルヌルとした友人には全く魅力を感じることができない。少なくともカエルが王子に変身するまでは。

実際に私たちの現実世界でよくあるのは、王子と恋に落ちた後に恐怖映画になる物語だ。王子様だったはずの相手は、いつもイライラした粗野な生き物に退化し、泥のついた足で部屋を歩き回り、私たちが言っている言葉を何一つ理解しないようにさえ思えるのだ！

私たちの多くは、誰かと交際し始めた初期の段階がどれほどの興奮やワクワクに満ちたものかを知っている。しかし、遅かれ早かれリアルな現実が始まり、パートナーの本当の姿を目の当たりにする。そこで、楽しい時間が終わった瞬間に、粘土で人形を作る子供のように関係性を破壊し、新たなパートナー探しに精を出す。きっと、と私たちは信じるのだ。次に出会う人こそ、正しい相手なのだと。

ここで何が起きているのだろうか？　かつてはすっかり夢中になった相手が、突然、鈍感で鬱陶しい、退屈な本性を現すように思えるのはなぜだろうか？　多くの場合、素晴らしい愛の約束で始まる二人の親密な関係性が、風船がすぼまるように失望感へと変化してしまうのはなぜだろうか？　なぜ、私たちの愛の夢は、一刻も早く目覚めたい悪夢になってしまうのだろうか？　関係が悪くなる理由は明白だと、私たちは自分に言い聞かせる。「どう考えても相手が悪い。私は悪くない！」。相手にもう少し優しさがあり、もう少し責任感があり、もう少しロマンチックだったら、この関係は続いたのに、と。

しかし、これは私たちの習慣的な考え方ではないだろうか？

私たちの人生のおとぎ話を解体する時が来ている。古い思考パターンを捨てて、より深い真実に入っていこう。

ボーイフレンドと別れることを考えていたワンネスの生徒の話を紹介したい。その女性、ムーンは多忙な一週間にイライラしていた。自分が教えるヨガのクラス以外にも、個人的にしなければならない仕事が山積みだったのだ。次の週のことを考えても、そこに休日を入れる余地はなさそうだった。イライラして落ち着きのない状態から、普段は誰も通らない道路で車のアクセルを思い切り踏んだ。高速で走ってくる対向車に即座に気づくほど、彼女の反射神経は素早く反応しなかった。彼女は正面衝突を避けようとしてハンドルを急激にきり、車は勢いよく縁石にぶつかった。

ありがたいことにエアバッグが機能して、大怪我をすることはなかった。また長年のヨガのおかげで、彼女の体はそれほど大きなショックを受けなかった。しかし車は大破した。ムーンは茫然として近くの警察署に向かい、事故を報告した。彼女は、両親の連絡先を警察に届けたくなかった。なぜなら、親から安全運転についての説教など聞きたくなかったからだ。

彼女が知人の名前を思い出そうとしているとき、突然背後から聞き慣れたボーイフレンドの声がした。まったく信じられない思いと安堵とともに彼女が振り向くと、ボーイフレンドがそこに立っていた。彼は、顧客を訪問するためにその道を通りかかり、道路上で大破したムーンの車を見たと言った。

彼女に怪我はないかと尋ねた後、彼はムーンを叱り始めた。彼女が不注意でぼんやりしていたことなど、それは延々と続いた。彼は警察からの質問すべてに対応し、あらゆる手続きを処理しながら、彼女に対して腹を立て続けた。ムーンは彼の無神経さとあら探しに傷つき、怒りと無力感で泣き崩れた。彼女は警察署の椅子に座って考え始めた。「私が彼を必要としているときに、彼は私の気持ちとつながってくれない。それなら、この愛の意味は何だろう？　この人とどうやって人生を生きていけばいいのだろう？　この人は私の運命の人ではないに違いない」。

彼女は、「思いやり」がどういう意味なのかを理解できないように思える男性とは、一緒に暮らしたくないと思い始めた。彼女が警察署の隅に座って涙をこらえ、この関係を終わらせることを考えていたそのとき、突然何かがシフトした。

数カ月前に参加したワンネスのプログラムで、彼女にとって理解できなかった教えが、突然思い出されたのだ。

「あなたの苦しみの状態は、自己執着によって強化される」。

それはまるで、今にも沈みそうになっている船の水漏れの場所に、初めて気づいたかのようだった。彼女は、ボーイフレンドを責める代わりに、自己に執着する思考を観察し始めた。彼女は今、「内なる真実」という第2の神聖な鍵のパワーを手に入れようとしていた。

ムーンは、ボーイフレンドが助けてくれた方法についてあら探しばかりして、彼が提供してくれたあらゆる助けには鈍感になり、気づくことができなかった。彼女にとって重要なのは、自分の期待だけだった。苦しみの状態の中で、自分を支えようとしている男性との関係性を終わらせようとさえ考えていた。彼女は自分の思考にショックを受けた。怒りと失望で、自分がどれほど愚かになっていたかに気づいた。その時点で「つながり」が全くなかったのだ。

ムーンは目を閉じて、ボーイフレンドとつながることを意図した。彼女は彼の気持ちを感じることができた。彼も同じようにその状況にストレスを受けていたのだ。もしもムーンに何か起きたらどうしたらよいかと不安だったのだ。ムーンは、彼と自分が抱えていた不安の体験が同じであることに気づいた。ただ表現が違うだけだった。彼が何を感じていたかにつながることで、彼の外側での表現を超えて、自分を守ろうとしていてくれた彼の気持ちにたどり着くことができた。彼女は彼を感じることができた。それはすべてと一つであるというワンネスの意識状態の体験だった。

彼女が目を開けると、彼が警察官と握手しているのが見えた。彼は微笑みながら彼女のそばに歩み寄り、彼女は目に涙をためて彼の目を見つめた。ムーンは、内なる真実が自分のハートを開き、つながりの体験に導いたことがわかった。これからの人生は日を追うごとに美しくなると感じていた。

ここで立ち止まりましょう。


この瞑想は、あなたの中にずっと存在してきた愛に対して、ハートを開きます。

目を閉じてください。

リラックスしながら、深く息を吸い、ゆっくりと息を吐きます。

あなたの人生の「つながり」の体験を思い出しましょう。

あなたが、誰かの内側の状態を感じられたとき、または、誰かがあなたの内側を感じてくれたときは、いつでしょうか。その瞬間に戻りましょう。

このつながりの体験は、夫婦やカップルという親密な関係性だけでなく、その他の関係性や、自然の中にいるときに生じたものかもしれません。

それらの瞬間を思い出し、その体験に浸《ひた》りましょう。

この愛は、あなたを流れ、あなたを通して他者へと流れていきます。

今、その体験を思い出すことができなくても、心配しないでください。記憶は、やがてやってきます。なぜなら、私たち誰もが、どこでどのように育ったかに関係なく、このようなつながりの瞬間を体験しているからです。

これらの愛の体験がなければ、私たちの中に人間性は存在しないのです。

つながりは脳の万能薬であり、ハートの栄養であることを覚えておいてください
この愛の体験が、あなたから世界へと流れますように。


夫婦やカップルという関係性の中で、最初に感じた魅力がやがて薄れていくのはなぜなのかとよく質問される。おそらく、自然界は種の継続や進化にしか興味がないからだろう。人間の体内

で分泌される神経伝達物質は、魅力や興奮が一定期間しか続かないようにデザインされているのだ。それを超えた先の関係性は、内なる進化の可能性によって引き継がれる必要がある。

親密な関係性が壊れるのは、相手の魅力が薄れたからではない。私たちが自己執着する意識に慣れてしまい、簡単につながりを絶ってしまうからだ。強く惹かれ合う時期を超えて、永続的な愛とつながりの関係性に向かうのは、私たちの意識が「分離からつながりへ」と変容したときにのみ可能だ。習慣的な自己執着から解放されるとき、私たちは他者に重きを置いた〝他者中心〟(other-centric)の意識のパワーに目覚める。他者は私たちにとって見知らぬ人ではなくなり、相手の内側を感じられることによって自然発生的な対応が現れる。それが愛だ。

私たちは、何を求めているのだろう?

最も重要な関係性に対して、私たちは何を求めているのだろうか? 安心感だろうか? 受容されることや、楽しさだろうか? この問いかけへの答えは様々だが、非常に基本的なレベルで、私たちの脳、ハート、体が強く求めている体験は、つながりという美しい状態《ビューティフルステート》だ。つながりは、私たちの脳にとって生きるための万能薬だ。愛とつながりという魂を養う美しい状態《ビューティフルステート》がなければ、私たちの人生は荒廃してしまう。

愛がなければ、私たちは〝美しい人生〟の蜃気楼を追いかけて砂漠を彷徨《さまよ》う人のようになる。つながりという美しい状態《ビューティフルステート》に目覚めなければ、永続する愛を体験することはできない。

確かに、出会ったばかりの相手は、私たちが望んでいたものすべてを持っているかのように思える。この人こそ、私を大事にして、私がどれだけ特別かを認めてくれて、人生を再び美しくしてくれるとさえ思える。

しかし、始まったばかりの恋愛初期の興奮は、多くの場合、私たちが古い苦しみの状態を新しい関係性に持ち込んでいるという危険信号を覆い隠してしまう。ハネムーン（蜜月）期の魔法が消えるや否や、新しいパートナーの不用意な言葉や行動によって、心の傷を縫い合わせた糸が切れるのは時間の問題となる。すぐに痛みは圧倒的強さになり、悲痛（ハートブレイク）と別離のサイクルが再開する。

さらに悪いことに、このような悲痛（ハートブレイク）を経験するたびに、私たちの中から信頼し無防備になる能力が失われていく。私たちは自分の選択に疑問を持ち始め、自分自身にも疑問を抱き始める。私たちは自立した人という仮面をかぶるかもしれないが、勇敢な仮面の下には、非常に深く傷つき、再び同じ痛みにさらされる危険を冒したくない自分がいる。

もちろん、私たちは皆、複雑な人間関係を乗り越えようと最善を尽くしている。私たちの心の傷や失望感を責める人は誰もいない。ただ、悲痛（ハートブレイク）という内側の状態を、以前の関係性から持ち越してしまうと、予期せぬおかしな問題が発生する。過去の関係性の痛みから解放されないままでいることによって、同じパターンを繰り返し、さらなるドラマや試練を生み出す危険があるのだ。つらい記憶を呼び起こすような行動や出来事が引き金となって、私たちは非常に危険で破壊的なループに巻き込まれてしまう。

二つの基盤《ファウンデーション》

某多国籍企業の多忙なCEOが、「頻繁に出張するために、パートナーとの間に徐々に距離が生じています。どうしたらよいでしょうか?」と私たち2人に尋ねたことがある。

パートナーとの間に距離が広がるとき、スケジュールを調整し、休暇の日程を合わせるだけで、その溝を埋めることができるのだろうか? それとも、もっと深い何かが必要なのだろうか?

あなたは、なぜ自分がその関係性にいるのか、その理由を真剣に考えたことがあるだろうか? あなたが誰かと共にいることのスピリチュアル・ビジョンを発見すると、その関係性で表面化するほとんどの疑問に対する答えがわかる。

どれくらいの時間を離れて過ごすか、共に過ごすかも正確にわかる。2人の人生を一緒にどう生きるかもわかる。そして、その関係性に起こる試練を共に解決するための叡智を発見し、永続的な関係性を築くだろう。


ここで立ち止まりましょう。

これから行う瞑想は、勇気と誠実さの真の行為となるでしょう。

自分の中の未知の空間に入るのは、一人で暗闇に入ることよりも、はるかに勇気が要ることです。

これは、あなたの知らないあなた自身を見る瞑想となります。

では、始めましょう。


楽な姿勢で座り、目を閉じます。

少し時間を取って、現在または過去の親しい関係性について思い出してください。


それはあなたの配偶者やパートナーとの関係かもしれません。

子供や両親との関係かもしれません。

友人や同僚との関係かもしれません。

あなたにとって本当に重要な関係性を思い浮かべます。

目は閉じたままにしてください。

自分に問いかけましょう。

「なぜこの人と、パートナーになったのだろうか？」。

「私たちの関係性は、何が基本になっているだろうか？」。

「私たちの関係性はどのような基盤の上に成り立っているのだろうか？」。

「私たちの関係性は、美や快楽、富、社会的地位、ユーモアなどの、表面的で一時的なものの上だけに成立しているのだろうか？　それとも、もっと深い何かがあるのだろうか？」。

「私がこの関係性にいるのは、孤独を恐れ、安心感や受容を必死になって求めているからだろうか？」。

「それとも、豊かなつながりの感覚に基づいているのだろうか？」。

自分たちをジャッジしたり、批判したりしないでください。

この関係性が成立している基盤を、ただ観察してください。

前に進む準備ができたと感じたら、目を開けましょう。

真実を認識するのがどれほど難しいとしても、永続する関係性は「つながり」の状態の上でのみ構築できるのです。外的な要因は関係性を支え続けることができません。この原則を理解することにより、あなたは解放され、やがて自分の人生に適切な人々を引き寄せるだけでなく、すでにある関係性は強化され、永続性をもたらすことができるようになります。

私たちの関係性が、外部要因のみに基づいて構築されている場合、明らかにそのような関係性は壊れやすいものになる。ちょっとしたことで動揺し、崩壊する。私たちのハートは試練があるたびにぐらつき、この相手がパートナーでよかったのかと、自分の選択を疑い始める。

魂を養うようなつながりの美しい状態《ビューティフルステート》が欠けていると、私たちは自分の美や若さ、富、時間をパートナーのために無駄にしているようにさえ感じてしまう。物質的には何の不自由もなく暮らしている人であっても、親しい関係性の中では欠乏の状態を体験しているかもしれない。そのような関係性には安らぎや深みは感じられない。

あなたは常に相手の価値を自分の損得勘定から査定し、相手からも、常に自分の価値が査定されているように感じる。外的な状況が変われば、あなたの情熱はすぐに消えてしまう。あるいは、あなたの愛情は、自分が探している別の何かをもっと多く持っていそうな他の誰かに、気まぐれに移っていく。このような関係性を続ける人のほとんどは、延々と様子見をしているようなものだ。

それでは、自分の富や美しさを享受すべきではないのだろうか？　快楽を体験してはいけないということだろうか？　そうではない。ただ、それらが関係性の基盤となり、より素晴らしいものに進化しないままなら、私たちの向かう先は不幸なのだ。

時々、私たちは、以前の交際関係から続く心の傷をどうにかしようとして、または孤独感や退屈を感じているために、新しく誰かと交際を始めることがある。目新しさによって、しばらくは孤独感や心の傷を感じずに済むかもしれないが、新しい交際相手との間に同じ内側の状態が浮上するのは時間の問題だ。

新しい関係性を結んだだけでは、不幸を終わらせることはできない。あなたの存在の完全性を分かち合うことができてこそ、あなたは新しい関係性を築けるのだ。

ここで立ち止まりましょう。

今、あなたは人生の旅の中で、ハートが満たされたパートナーになるというステージにいます。

あなたのハートを感じる準備はできていますか？

それでは、あなたが人生で愛し、大切にしている人のことを思い浮かべてください。この人のイメージをハートの中に保ちながら、何回か深呼吸をして目を閉じましょう。少しの間、体を静止させましょう。

相手が目の前にいるとき、相手と話をしているとき、あなたの内側に何が起きているのかを感じましょう。

つながりやワクワク、安らぎや喜びという美しい状態《ビューティフルステート》でしょうか？

孤独感や心の傷、退屈さや無関心というストレスに満ちた状態でしょうか？

自分の内側の状態を認識しながら、そこに向けて穏やかな微笑みを浮かべましょう。

目を開けましょう。

それでは、人生の旅を続けていきます。

自分の内側の状態をすぐには認識できない場合もあるでしょう。

もしも、自分の内側の状態がよくわからなかったら、気づきを持てるまで、何度かこの瞑想に戻るとよいでしょう。

あなたの真実が何であろうと大丈夫です。

真実をただ認識することが、より大きな愛と自由への道なのです。


この本の前半では、スピリチュアル・ビジョンという第1の神聖な鍵をあなたと分かち合った。このスピリチュアル・ビジョンという神聖な鍵は個人だけに有効なのではない。親しい関係性もまた、スピリチュアル・ビジョンいう強い基盤があることによって、うまくいく。

親密な関係性は、互いの内側の状態に対するスピリチュアル・ビジョンを共有する場合にのみ、失望を乗り越え、試練に耐え、花開いていく。スピリチュアル・ビジョンという叡智は、数多くの夫婦や友人関係を救い、親子のハートを癒し、多くの組織の中に真の協調の文化を築いてきた。

関係性がスピリチュアル・ビジョンに基づいていない場合、二つの影が暗闇の中で私たちに忍び寄り、分離と分断を生み出す。それが、心の傷という影と、マンネリ化という影だ。

それでは、この二つの影の罠《わな》から抜け出して、スピリチュアル・ビジョンの光の中へと入っていこう。真実、解放、つながりへの旅を私たちと一緒に続けてほしい。

「心の傷」という影

古代インド寓話の一つに、心の傷が私たちの人生に投じる長い影について明らかにしたものがある。

昔あるところに、森を歩く4人の男たちがいた。彼らは様々な芸術や科学に精通した達人だった。森の中で、彼らはいくつもの骨が積み重なっているのを見た。

最初の男が他の3人に言った。「さあ見ろ。私の知識のパワーで骨を集めて骸骨を作るぞ」。

2人目の男は、「ちょっと待ってくれ。そこから何が出来るのか、わからないのだから」と言った。最初の男は聞く耳を持たなかった。なんと驚くことに、彼は巨大な動物の骨格を復元させた。

3人目の男が言った。「さあ見ろ。私の知識のパワーによって、骨に肉をつけてやる」。

2人目の男は、「頼むから、待ってくれ。そこから何が出来るのか、わからないのだから」と再び言った。

しかし、3人目の男は聞き入れなかった。なんと驚くことに、すぐに巨大なライオンの死骸が現れた。

今度は4人目の男の番になった。彼は言った。「さあ見ろ。私の知識のパワーで、この死骸に命を吹き込むことができるのだ」。

　2人目の男は4人目の男に警告したが、彼の言葉は再び無視された。そこで2人目の男は危険から逃れるために高い木に登った。

　4人目の男が死骸に命を吹き込むやいなや、命を得た巨大な獣は立ち上がり、ものの1分も経たないうちに3人の学識ある愚か者を殺してしまった！

　この話はまさに、心の傷が徐々に大きくなり、破壊的な分離感という内側の状態になっていく過程を表している。自分が傷ついたと感じるたび、立ち止まってそれを解消することができないでいると、ついには制御不能となった内側の状態が私たちと私たちの人間関係を蝕《むしば》んでいくことになる。

　愛する誰かと素晴らしい夜を楽しんでいたはずなのに、理由もわからずイライラとし始めたことはないだろうか？　あるいは、あなたは自分が怒っている理由を正確に知っているかもしれない。あなたのパートナーは、またしても、あなたをイライラさせるようなことをしたのだ。

　彼はまた気前よくチップをあげ過ぎている…。

　彼女は遅くまで残業しすぎだ…。

　彼が子供にあの残酷なゲームをさせたなんて…。

　彼女はベッドの中でスマホばかり見ている…。

　あなたのイライラのきっかけが何だとしても、パートナーとつながることが難しいなら、何かがあなたの深いところで動いている可能性がある。

つまり自己執着が、つながりの邪魔をしているのだ。愛する人との喧嘩は小さな意見の相違や誤解から始まるかもしれない。しかし、私たちが自分の内側の状態に注意を向けない限り、小さな傷は大きな痛みを伴う感情的執着へと巨大化し、相手とつながれなくなっていく。

ディスコネクション（つながりを絶っている状態）の三つのステージ

ディスコネクションは、生態系を混乱させる危険な外来植物の根のようなものだと考えてほしい。目に見えるのは無害で小さな花のつぼみや雑草のように見えても、その根系は非常に強力かつ危険で、庭の他の生命を窒息させる可能性がある。

【第1ステージ　心の傷】

ほとんどの心の傷は小さいことから始まる。

例えば、あなたのパートナーが不用意なことを言ったとする。あなたは自分の意見が尊重されていないとか、自分の努力が認められていないと感じた。しかし、この時点で立ち止まらず、わずかな痛みに対して受動的な観察を向けないままでいると、心の傷は次のステージに入る。

「彼女は全然思いやりがない」。

「彼は嫌味ばかり言っている」。

あなたのマインドがそんな不平不満モードに移行したとき、自分が心の傷の坂道を降り始めていることを認識してほしい。

私たちの多くが、この種の心の傷について基本的な理解を持ってはいるものの、そこからどう自分を解放するかの教育を受けたことがない。だから、傷ついたときにどうしたらいいのかわからない。そして、苦しみの状態にひたってしまうか、苦しみを無視するかの、どちらかになる。

しかし、この悲痛（ハートブレイク）をどれだけ見えない場所に覆い隠しても意味はない。むしろ、そこで立ち止まり、観察しなければならない。そうしなければ、バラバラの骨の集まりから骸骨が形作られ始めるだろう。

【第2ステージ　ジャッジメント（批判・非難）】

心の傷が始まった段階で、立ち止まらず、解消しないままでいると、それはディスコネクション（断絶）の次のステージに入る。それが、ジャッジメント、つまり批判や非難だ。

今や、あなたは愛する人をジャッジし、何らかの決めつけをしている。相手を裁こうとしているのだ。

「私のパートナーは短気だ。大した人間ではない」。
「私のパートナーは愚かで無能だ。何に対しても真剣じゃない」。
「彼は臆病なウサギみたいだ。これからもそれは絶対に変わらない」。

こうして、目の前にいる多面体のような相手に、ただ1つのレッテルを貼る。この段階では、お互いの違いにばかり焦点を当てる。中でも特に、愛に付随する枠組みの違いにこだわっていく。たとえば、パートナーよりも自分のほうがいかにロマンチックであるか、魅力的であるかばかりに目が行くかもしれない。自分の家族が相手よりも、はるかに礼儀正しく、寛容だと言うかもしれない。自分のほうが、この関係性に貢献していると考えるかもしれない。そのようなジャッジが延々と続く。

自分が相手といかに異なっているか、自分が相手よりもいかに優れているかを証明しようとして内側で比較ばかりしているとき、どうしたらつながることなどできるだろう。私たちが批判的になると、物事はさらに悪化していく。

パートナー同士がジャッジし合うとき、お互いの話に耳を傾けることを止めてしまう。相手への敬意は、完全に消える。以前なら、可愛くて魅力的だと感じたくだらない冗談や馬鹿げた鼻歌、相手があなたにつけたニックネームなどは皆、あなたがイラ立つ原因となる。

ジャッジするという内側の状態は、時に、お互いの自尊心や自信を引き裂くような無神経な表現や言葉、選択として漏れ出すこともある。そしてお互いに、さらなる悲痛（ハートブレイク）

と失望と孤独感を感じることになる。

心の傷の影はさらに濃くなり、よりパワフルになった。もはや、骸骨に肉と皮膚を加えてしまったのだ。

【第3ステージ　嫌悪感】

心の傷から始まったことが、ジャッジし合う雰囲気を容易に生み出していく。これが、ディスコネクション（断絶）の第3ステージである「嫌悪感」の完璧な温床となる。

この段階では、パートナーが近くにいるだけでイライラし、苦痛を感じ、相手の態度、振る舞い、行動に耐えられなくなる。

あなたの脳内化学反応が変化してしまっているため、パートナーを否定的な視点でしか見ることができず、欠点ばかりが拡大して見えるようになる。あなたはもはや相手の長所を見ることはできない。相手を体験する方法は、完全に歪《ゆが》められてしまった。これは相手に対する敬意を完全に失った状態だ。

この段階では、相手と夫婦や家族であると感じるのが苦痛以外の何物でもなくなる。あなたの決断や行動は無神経なものとなり、相手に痛みを引き起こすことを目的にさえしてしまう。このようなところまで来たら、一体何ができるだろう？　多くの人と同じならば、あなたの反応は次のようになるだろう。

私は傷ついた。私は失望した。私には価値がない。私は孤独感を感じる。コーヒーを飲まなくちゃ。いや、ダブルマティーニにしよう。チョコレートチップクッキーを食べよう！

このようなドーパミンを強く求める逃避行動によって、一瞬は気がまぎれるかもしれない。しかし、苦痛はまた戻ってくる。自分の中に生じている失望感や渇望、怒りや不安に対処しないままでいると、喜びや感謝、つながりを体験することができなくなる。あなたは悲痛（ハートブレイク）の状態と闘うのに忙しすぎて、愛という美しい状態《ビューティフルステート》を味わうエネルギーがなくなってしまう。今や、あなたは死骸に生命を吹き込んでしまった。

このような状態《ステート》のまま、最もロマンチックな休暇を過ごすこともできるが、内側では孤独感という苦痛の状態が消えないままだ。心の傷の影は、あなたの愛の感覚を覆い隠してしまう。私たちは同じ関係性にとどまるかもしれないし、新しいパートナー探しを始めるかもしれない。しかし多くの場合、永続的な愛を体験する可能性に対してすべての希望と信頼を失い、その代わりに、取るに足らない軽薄な関係を結び始める。その間ずっと、私たちは痛みに満ちた内なる空虚感を体験する。そして、無意識に真実を強く求める。

私たち二人の体験では、ディスコネクションの諸段階を理解することで、嫌悪感という最終段階に至る坂道を降りる前に、内側の状態に気づきをもてるようになる。どのステージにいても、あなたには常に〝つながり〟を選択するパワーがあることを忘れないでほしい。

〝つながり〟のある人生を送るための最も重要な秘訣の一つは、心の傷の状態を手放すための叡智とその能力だ。失望感は、これ以上ないほど最高な関係性の中にさえ忍び込む。理由が何であれ、心の傷を解消することは、つながりと永続的な愛に満ちた充実した人生を送るために不可欠なのだ。

インドの田舎では、家の中に盗みに来るいたずら好きの大猿を捕まえるため、村人たちは賢くて簡単な方法を使う。木の幹にある小さなうろ穴の中に、香り豊かでジューシーなお菓子をわざと置いておくのだ。甘いお菓子に興奮した大猿は穴に手を入れるが、穴の開口部が小さすぎて、お菓子をつかんだ拳《こぶし》を出すことができなくなる。大猿はあまりにもお菓子に執着しているために、手放すことができない。そこに大猿の捕獲人がさっと現れて、大猿をつかまえて、村から遠いジャングルへと運んでいく。

心の傷や失望感にしがみつき続けるとは、こういうことだ。その苦しみの状態にあり続けることをどれほど正当化しても、私たちは皆、自問しなければならないのだ。

「どちらが重要なのだろうか？　自分の心の傷にしがみつくことなのか？　それともこの関係性を大切にすることなのか？」と。

マンネリ化の影

海外からワンネスを訪れたある夫婦の話をしよう。ワンネスの事務局は彼らの到着を待っていたが、彼らはいつまで経っても現れなかった。やがてダーサ（講師）の一人に電話があり、彼らがまだ空港からキャンパスに向かうタクシーの中にいて、これまでで最大で最悪の喧嘩をしているということだった。

夫婦は互いに怒鳴り合ったそうだ。一人は激怒し、一人は号泣し、その結果、即刻帰国することを決意した。ダーサは冷静に彼らの話を聞いた後、「今回は、二人で〝愛〟を体験するという意図を持ってワンネスに来ることにしたのだから、最後のチャンスを与えるべきです」と提案した。彼らはダーサに合意し、旅を続けることにして、ようやくキャンパスに到着した。

二人は、以下のような状況を抱えていた。妻のドリスは常に夫のクラークからの愛を渇望していたが、完全に無視されていると感じていた。その結果、彼女の心の傷は深まっていた。一方、クラークはこの関係性について不安を抱えていた。過去数カ月の間、彼は自分がドリスにふさわしい男ではないという強迫観念のような思考を繰り返していた。自分は男としてダメだと思うがゆえに、満たされない気持ちが募っていた。

実はクラークは、非常に難しい経営状況に直面していたのだ。損失が続くことによるストレスで体重が増え、非常に速いペースで禿《は》げ始めていた。彼は自分の体のこと、業績のこと、そして、自分が愛について無能だということなど、あらゆる面で劣等感を抱いていた。

クラークとドリスがプロセスの4日目に入る頃には、二人とも十分に冷静になり、自分たちの内なる真実を観察できるようになっていた。クラークは、自分が抱えている本当の問題が、ドリスではないことに気づいた。自分の問題にとらわれるあまり、ドリスと共にいても心ここに在らずの状態だった。彼は、自分が自分自身と戦っているという事実を強く意識するようになっていた。彼は、自分が絶望感と劣等感の意識状態の中に溺れ、その内側の状態こそが2人の間に溝を生み出していることに気づいた。

クリシュナジと私からディクシャを受けた後、彼は完全性の意識状態に目覚め、宇宙知性のパワーが自分の意識の中に流れるのを感じた。その神秘的な体験が彼の中に広がるにつれて、彼は、これからの人生が素晴らしいものになり、運命が好転すると確信した。壮大な意識を体験したおかげで、自分自身との闘いから解放され始めていた。彼は目覚めを体験し、ドリスの美しさを改めて感じることができた。まるで、久しぶりに彼女に会ったかのようだった。

一方、ドリスはプロセスの中で、自分が愛する方法を知らず、つながりを持てない人間であったことに気づいた。10代の頃からずっと、彼女は「愛への渇望こそが愛」と誤解していた。プロセスの中で彼女は、自分が自己執着にはまっているという内なる真実を素直に受け入れた。彼女の意識の中に深い謙虚さの感覚が広がり、クラークと自分に与えてきた苦痛に対する自分への許しが湧き上がった。

プロセスの後、クラークとドリスはもう一度、ロマンチックなパートナーとなり、同時に真の友人をお互いの中に見つけることができた。彼らの関係性は、お互いに対する大きな感謝と共に発展し続けている。

私たちは、クラークとドリスの体験と同じような"心の傷の影"に取り憑かれていないかもしれないが、それでも、つながりという美しい状態《ビューティフルステート》で生きていないとき、関係性は痛ましいほど空虚に感じられる。

どうして私たちは、求める満足感を関係性の中で得られないのだろうか？

時に、カップルの関係性には問題がなくとも、人生そのものから試練が来ることもある。すると、そのような困難に耐えられず、心配やイライラ、不安などの沈鬱な状態《ステート》に屈していく。苦しみの状態に陥《おちい》ると、目の前の問題のほとんどは存在しないか、想像されたものか、誇張されているにも関わらず、必死になってそれらを解決しようとしていく。まるで自己防衛の任務に従事しているかのように、すぐに攻撃的になる。関わる人皆にとっての大きな幸福と健やかさを生み出すように現実の状況に対処することが、できなくなるのだ。

この内側の状態によって、私たちは疲労困憊《ひろうこんぱい》する。私たちの五感からの体験は鈍くなり、何に対しても新鮮味を感じられず、老化したようなマインドを育んでしまう。こうなると、相手に会ってもワクワクや喜びは引き起こされない。関係性は倦怠し、マンネリ化し、退屈なものになってしまったのだ。そのような関係性は、ある種の安心感と快適さを提供してくれるかもしれないが、内面の豊かさは与えてくれない。

私たちは、相手を所有しようとしてお互いにしがみつくが、それは共に暮らすことを楽しんでいるからではなく、一人ぼっちで生きるのが怖いからだ。

これは中国の昔話を思い出させる。あるところに、自分の影と足音を恐れて生きていた男がいた。ある日、男が歩いていると雲の合間から太陽が顔を出し、彼の足元に長い影ができた。男はパニックに陥《おちい》り、影から逃げようとして一目散に走り始めた。しかし、どんなに速く走っても、自分の影と足音を振り切ることはできなかった。男は走り続け、やがて疲れて崩れ落ち、死んでしまった。もしこの男が立ち止まり、木陰に座っていれば、彼の足音は止み、影も消えていただろう。

第2の影、つまりマンネリ化の影が関係性に迫っているのを感じると、私たちはそこから逃避しようとして、ジム通いをしたり、娯楽に夢中になったり、仕事中毒になったり、アルコール中毒になったり、買い物中毒になったり、さらにはおしゃべり中毒になったりする。何とかして、人生への失望感から逃れようとしているのだ。

時には、内なる空虚感から逃げるために、新しい交際相手に飛びついたりもする。高揚感が一気に高まる〝ドーパミンハイ〟を求めるからだ。

もし、私たちが影から逃げずに、立ち止まり、この影が何であるかをただ観察することができれば、光の中へと進み、つながりという美しい状態《ビューティフルステート》へ進化するだろう。

ここで立ち止まりましょう。

この瞑想は、目を閉じていても開けていても構いません。

では、あなたに質問します。

あなたの人生が映画だとしたら、その映画で、最も重要なテーマは何でしょうか？

あなただけ良ければいい、ということでしょうか？

他の登場人物は皆、あなたの引き立て役として、そこにいるのでしょうか？

それとも、あなたの役割は、他のすべての登場人物の人生を向上させ、人生という映画そのものに豊かさをもたらすことでしょうか？

あなたは常に、他者が自分を満足させてくれることを渇望していますか？
それとも他者に充実感を与えることによって、満足を得られるのでしょうか？

今日一日を通して、「自分の人生の真実は、どちらだろうか？」と自問してください。

自分が人生をどのように認識しているかを観察し続けてください。
あなたの内側の世界での在り方と、外側の世界での態度を両方観察していてください。

他人があなたに利益を与えてくれないとき、他人に腹を立てたり、憤りを感じたりしますか？

それとも、他人の情熱をサポートすることに喜びや目的意識を感じますか？

準備ができたら、目を開けましょう。

自己執着の迷路

自己執着が習慣になると、私たちのマインドは過去や未来に漂《ただよ》い始める傾向がある。30分前、1年前、10年前に何が起きたかを思い出し、記憶の中に迷いこんでしまう。また、困難に満ちた未来を想像し、様々なことが起こりうる可能性の中に迷っていくこともある。

古代クレタ島の神話に、誰も逃げることのできない迷路に閉じ込められた奴隷たちの話がある。その迷路の奥には、雄牛の頭と人間の体を持つ巨大な怪物ミノタウロスがいる。そして、奴隷たちはミノタウロスに食べられてしまうのだ。

私たちが習慣的に過去や未来に生きると、終わりのない迷路を彷徨《さまよ》い、不安や後悔という苦しみの状態によって食べ尽くされる。すると、今の瞬間を他者と真に分かち合うことなどできない、苦痛に満ちた人間になる。この関係性が昔はどのようなものだったか、あるいは、本当はこういう関係性になるはずだったのに…という白昼夢の中に迷い込む。失望感を克服するために刺激と快楽を必死に求める。しかし、快楽を求めるマインドは、すぐに飽きてしまうマインドでもあるため、常により多くの、より新鮮な体験を求めていく。

心の傷という内側の状態も、マンネリ化という内側の状態も、どちらも自己執着なのだ。どちらの状態にいるにしても、あなたは自分のことにしか関心がない。これらは、ディスコネクションの状態であり、あなたにとって実際には他者が存在しないのだ。

今までの〝人生の旅〟を読んで、あなたは人生で最も重要な関係性についての不愉快な真実を発見したかもしれない。これまでも、この旅に入った多くの人々が、自分のパートナーシップがいかに不安定な基盤の上に築かれてきたかを知って驚愕した。また、かつては深くつながっていたパートナーとの間に、取り返しがつかないほどの距離ができてしまったことを不安に思う人もいた。

彼らは決まって、私たちにこう尋ねる。「自分たちの関係はこんなに浅い基盤の上に築かれているけれど、この関係性を救うことはできますか？　もっと深くつながるための方法はありますか？」。そして、パートナーとの間に、すでに深いスピリチュアルなつながりを持っている人たちは「情熱の炎を絶やさないためにはどうしたらいいですか？」と尋ねてくるのだ。

スピリチュアル・ビジョンの光

この、痛みに満ちた内なる冬からどうやって抜け出せばいいのだろうか？　苦しみを当然視するのでもなく、関係性の中で感じる退屈さをやりくりするのでもなく、心の傷や不安から気をそらすのでもない。どうすれば〝つながり〟を見つけて、しつこく続く二つの忌まわしい白昼夢から目覚めることができるのだろうか？　その答えはこうだ。

「自分たちの関係性に対するスピリチュアル・ビジョンのサポートによって目覚める」。

それではここで、第1の神聖な鍵「スピリチュアル・ビジョン」に戻ってみよう。スピリチュアル・ビジョンは、〝つながり〟を築く上でパワフルな役割を果たす。ビジネスやキャリア、健康についてのスピリチュアル・ビジョンを持つ人も多い。覚えているだろうか。「スピリチュアル・ビジョン」という用語に対する私たちの定義とは、自分が行動し、何かを創造する際に、そのすべてをどのような内側の状態から行うかをビジョンとして選択することを意味する。

だからあなたに自問してほしいのは、「私はこの関係性において、今までと同じようなパートナー、友人、リーダーでありたいのか？　それとも、喜びに満ち充実感にあふれたパートナー、友人、リーダーになりたいのか？」ということだ。

これは真剣かつ非常に重要な問いかけだ。なぜなら、スピリチュアル・ビジョンなしでは、あなたは何をしてもストレスを抱えてしまう。素晴らしい相手を見つけて人生を共にする関係性を築いても、最高の成功や達成を得ても、あなたには一切の喜びをもたらさないだろう。

繰り返すが、私たちの誰もがストレスに満ちた状態か、美しい状態《ビューティフルステート》か、2つの意識状態のどちらかで生きている。美しい状態《ビューティフルステート》にいない場合、あなたのデフォルト（初期設定）の状態はストレスだと覚えておいてほしい。

あなたが自分の親しい関係性について行なう最重要の決断は、どこで1周年記念日や25周年記念日を祝うかではなく、誰を招待するかでも、その日にどんなイベントを行うかでもない。もっと大切な質問は「どちらの状態《ステート》からお互いと関わるのか。記念日だけでなく、その日までも、その日以降も、毎日の生活をどちらの状態《ステート》からお互いと関わり合っていくのか」なのだ。

あなたは、つながりを絶ったディスコネクションの状態からパートナーや家族と共に生きていきたいのだろうか？　それとも、お互いに対する愛や喜び、慈愛、感謝という美しい意識状態《ビューティフルステート》で生きることが大切だろうか？　あなたは、自分の愛する人に対して、どんな愛を感じ続けたいかをビジョンとして持っているだろうか？　共に生きる日々の人生に、どんな喜びをもたらしたいかのビジョンを持っているだろうか？

名詞と同様に、形容詞を大事にできるだろうか？　つまり、単に「誰かのパートナー」というだけではなく、「愛に満ちたパートナー」であり、「つながりのあるパートナー」であり、「喜びに満ちたパートナー」でありたいと願えるだろうか？　関係性のスピリチュアル・ビジョンとは、あなたが美しい意識《ビューティフルステート》を生きることであり、その状態から、あなたにとって大切な人々の内なる体験につながっていくと選択することだ。

スピリチュアル・ビジョンは、自分にシンプルな質問を投げかけることから始まるかもしれない。

「私は、どちらの状態から生きたいのか？」。

「私は、自分の愛する人に、どちらの状態から生きてほしいのか?」「どのようにして私の愛する人たちの内側の状態にインパクトを与え、さらに美しい状態《ビューティフルステート》にできるだろうか?」。

自分に対し、勇敢さと正直さを持って、このような問いかけをするほどに、心の傷やジャッジメント、批判や非難、嫌悪感といった苦しみの状態に居続けることを正当化するのは、それが1時間であれ、1日であれ、1年であれ、さらには10年であれ、難しくなる。つながりを絶った状態で生きることは受け入れ難くなる。あなたが自分には到底無理な話だと思うなら、全く無理ではないと約束しよう。つながりという美しい状態《ビューティフルステート》で生きることにコミットすると、マンネリ化や分離感が消えて、人生に新鮮さを感じ始めるのだ。

ただし、自分の持っている愛やつながりの概念について再考させられるかもしれない。現代社会が定義する〝つながり〟には、基本的な欠陥があるからだ。それは現代文化によって作られた誤解であり、結果として、誰も経験したことのないような〝つながり〟をひどく渇望する人が多い。

つながりという美しい状態《ビューティフルステート》は、必死になって他者の期待に合わせることではない。また、自分のニーズよりも他者のニーズを機械的に優先させるような、努力して培う美徳でもない。得るために与えようという計画でもない。つながりとは、自己犠牲でも戦略でもない。つながりは、意識状態なのだ。

つながりに基づいた関係性とは、意見の相違を避ける関係性ではない。あなたとパートナーが、お互いにイライラしなくなるとか、恐れや孤独感、怒りを二度と感じなくなるわけでもない。つながりに基づいた関係性とは、自分の内側に分離感という状態が生じた時に、その分離感を解消することで、つながりの状態がお互いの中に現れてくることだ。

つながりという美しい状態《ビューティフルステート》になると、お互いとのやり取りは喜びだ。その状態を生きることそのものが、喜びに満ちた体験だ。このような種類の愛を、自分の人生に招き入れると、私たちはもう他者から分離しているとは感じなくなる。もちろん、私たちはお互いに異なる人間だが、それでも深くつながるのだ。相手の痛みはあなたに影響し、相手の喜びはあなたを嬉しくさせる。お互いに喜び合い、今の瞬間を分かち合えることで、関係性は温かいものになる。

同時に、愛とつながりは、恋人同士の間だけに存在するのではないことも覚えておいてほしい。それは美しい状態《ビューティフルステート》であり、友人や子供、孫、クライアント、またはまったく見知らぬ人との間でも体験できるのだ。

クリシュナジから個人的にメンターを受けるためにワンネスのキャンパスを訪れたスニールは、到着直後に「私は、非常に愛に満ちた人間です」と言っていた。「非常に愛に満ちた息子でもあります。私は両親を我が家の隣に住まわせているくらいですから」。

しかし内側を深く掘り下げていったとき、スニールは自分の行動では責任感と思いやりを示す一方で、自分の内側の状態はディスコネクション（断絶）であることに気づいた。彼は父親の話を10分でも続けて聞くのが耐えられなかったのだ。少し聞いているだけでも、神経を逆なでされるように感じていた。

実は、スニールがまだ10代の頃、彼は学校を辞めてインドの大都市ムンバイで働くことを決意した。父親はショックを受け、勉強を続けることを強制しようとした。最終的にはスニールが給料の半分を毎月実家に仕送りするという条件で父親が折れた。

スニールのムンバイでの体験はつらいものだった。彼は多くの不親切を経験した。それは、全く居心地のよい環境ではなかった。彼はすぐに父親に電話をして「家に帰りたい」と言ったが、父親はスニールがムンバイに留まることにこだわった。

その後の半年間、スニールは毎日父親に電話をかけて家に帰らせてほしいと懇願した。やがて、父親が助けてくれないことに憤慨し、連絡を一切やめたが、実家への仕送りは続けた。

スニールの21歳の誕生日に、父親は彼に小切手を渡した。「お前が仕送りしてきたお金を、何年もかけて私が再投資して貯めたお金だ」と説明した。

スニールはそれを受け取るや否やテーブルに投げつけ、「こんなもの、必要ない」と言った。「僕はもう、こんな金の10倍も稼いでいるんだ」。

スニールは、自分が困っているときに親に見捨てられたと感じた苦痛を克服してはいなかったのだ。そして、その傷ついた内側の状態から、彼は父親に自分がどれだけ成功したかを見せつけることに執着するようになり、両親を経済的に養うことを決意した。それは彼なりの言い方で、「悪いのは、僕じゃない」と言っていたのだ。

後に彼の妻となる女性に恋をしたときも、彼はそれを〝勝利〟の象徴として見た。妻は彼にとても忍耐強く接したが、娘が生まれると、妻はスニールに「もう、ふらふら外出しないで」、「私たちの娘と一緒に家にいて、子育てを手伝って」と言った。

スニールは妻が支配的になっていると感じ、妻の言葉を拒否した。結局、彼らは離婚し、インド国内の別の場所に住むことにした。それ以来、彼は父親としての義務を果たそうと努め、数カ月ごとに娘が訪ねてくると会ってきたが、やはり義務を全《まっと》うしようとしていたに過ぎなかった。

彼の中で、関係性についてのさらなる気づきが訪れようとしていた。彼が参加していたプログラムの中で、クリシュナジからディクシャを受け、深い静寂の瞑想を体験した後に一人で歩いていると、蟹たちが海辺の小道を横断しているのを見たのだ。

突然、彼のハートと脳が、爆発的な慈悲と愛の感覚で満たされていった。周りの木々、近くの海に生息する魚たち、庭先から聞こえてくる子供たちの笑い声に対する計り知れないほどの親しみと一体感、思いやりの感覚を感じた。彼のハートが、愛に目覚めた瞬間だった。

「ああ、なんてことだろう。何かへの愛を体験するとは、こういうことなのか！　相手を感じ、相手を愛するとは、こういうことなのか！」と、彼は思った。この瞬間に一瞥《いちべつ》した意識状態が彼を変容させた。

数日たって、その体験の濃度は薄れたが、スニールの変化は永続的なものだった。彼は8歳の娘が母親と共に暮らす街に向かい、月に一週間はそこで住むことにした。そうすることで、娘と長い時間を過ごすことができたからだ。共に過ごすようになった初日には、娘はひどく遠慮がちに彼に話しかけた。これまで彼女がスニールに話しかけていた方法だった。

しかし、今回のスニールは、どうやってつながるかを知っていた。彼は、愛の状態《ステート》から娘の願いや考えにつながり、学校の友達とちょっとした口論をした彼女の気持ちにもつながった。数時間後、彼の娘は父親との楽しいおしゃべりを止めようとしなかった。

スニールは私たちに、娘との関係性の変容について話してくれた。「私は胸がヒリヒリするんです。学校に迎えに行くたびに、娘は遠くにいる私を見つけて走ってきて、私の胸に頭から飛び込んでくるんですから」と笑った。彼はまた、美しいパートナーを見つけた。彼のような男性に出会えたことを幸運だと思ってくれる女性だった。職場では、組織の四半期利益について話し合うとともに、従業員の幸福を高めることにフォーカスし始めている。

スニールの物語は、愛に目覚め、今や誰でも愛せるようになった人の典型的な例だ。真実へ向かうこの旅には、途方もない勇気と情熱が必要となる。それは、手軽な満足を求める怠惰な恋人たちのためのものではない。意識を変容させようとする人々のための道なのだ。

この旅に入るすべての人が、現在のパートナーシップに留まる選択をするわけではないことも注意しておきたい。美しい状態《ビューティフルステート》で生きることは、あなたの周りの人々にも深遠な影響を与える。あなたの関係性は自然と調和が取れるようになり、喜びに満ち始める。あなたは優しくて愛情深い人々を人生に引き寄せる。しかし、内なる真実へのコミットは、現在のパートナーとは異なる道を歩んでいる事実を受け入れられるよう多くの人を助けることもする。美しい状態《ビューティフルステート》で生きることは、不幸で危険な状況にとどまることではない。それは、内なる静寂を培うことによって、つながりと愛の場所から選択できるようにすることだ。

あなたがこのような話に対してひるんでしまうとしても、あなたのハートを感じてほしい。愛とつながりの場所は、内なる真実という第2の神聖な鍵へと旅する勇気がある人なら誰でも、到達可能なのだ。

ここで立ち止まりましょう。

あなたのスピリチュアル・ビジョンにつながりましょう。
永続的な愛を可能にする意識状態につながりましょう。

あなたの意識を、ハートへと向けます。
ハートに向けて、呼吸をしているように感じましょう。
しばらく、このように呼吸してください。

少しの間、一人で時間を過ごしてください。散歩をしたり、どこかに座ったりしましょう。

すべての心の傷から解放された意識状態を生きるとは、どのようなものかについて、瞑想してください。

あなたがパートナーの瞳を、初めて見るかのように見つめることができたら、どのような感じがするかをイメージしましょう。

自分を悩ます思考にとらわれずに、毎朝笑顔で目覚め、共に生きている人々と今この瞬間を分かち合うとはどのような感じがするかを感じましょう。

「美しい状態《ビューティフルステート》から人生を生きたい」という情熱が自分の中に根付いていくのを感じましょう。

あなたが周りの人々と人生を分かち合うことで、自分のハートだけでなく、他者のハートも癒すことができます。

あなたが、たくさんのハートを癒しますように。

ワンネスキーワード⑪ その瞬間を分かち合う（Be present to the other）

ワンネスで用いられることの多いこの表現は、英語を直訳すると「他者と存在する」となります。ワンネスでは、物にも人にも人生に対してもこの表現を使うことがあります。例えば対象が人ならば、相手に意識的な注意を向けている状態です。そのときの自分は相手をジャッジしたり、相手の話にコメントをはさんだりせず、過去や未来に意識を奪われていない状態です。頭の中のおしゃべりは静まり、今この瞬間にいます。それは、本書で何度も登場する「つながり」の状態であり、相手と共に「今この瞬間に存在する」ということです。ですので、本書でこの表現が出てくるときは、主に、「その瞬間を分かち合う」「この瞬間に存在する」としています。

人間であることの本質《エッセンス》

あなたは、人間であることの意味について考えたことはあるだろうか。人間であるとは困難を乗り越えながら生き、いくつかの野心を満たし、子孫を残し、老いていく……、そして、あっという間にこの世から消え去るだけなのだろうか？　真に生きるとはどういうことだろうか？

私たちは、壮大な意識状態を体験する可能性を持っている。他者とのつながりを感じ、万物とのつながりを感じること。生命の活動に畏敬の念を抱くこと。それが人間の意識の可能性だ。つながり、愛し、一つになること。境界のない愛を体験すること。完全なワンネスの意識状態を体験すること。それが人間の生命、人間の脳、人間の体の可能性と目的だ。

つながりの感覚を持ちながら生きるということは、自己執着からつながりへ向かうことを意味する。それが真の変容だ。そのような変容が起きて初めて、あなたは真に生きていると言える。他者の悲しみや喜びに対して、あなたが完全にその瞬間を分かち合えることは、あなたが相手に与えられる最も滋養に満ちたギフトだ。

パートナーがあなたから受け入れられていると感じたとき、それが関係性の癒しの始まりとなる。過去にお互いを傷つけ合ったかどうかは問題ではない。つながりという美しい状態《ビューティフルステート》があれば、距離は消える。子供や友人、パートナーやきょうだいと共に今を分かち合うことが、つながりのある家族の本質となる。

職場の人々に対するスピリチュアル・ビジョンを育むと、あなたは彼らとの間に分離感を感じなくなる。搾取もなく、搾取される恐れもなく、支配したい願望も、支配される恐れもなく、噂話も疎外感もない。あなたは彼らと共にありながら安らげる。彼らの不安や願望、フラストレーション、受容されたいというニーズを感じる。つながりという美しい状態《ビューティフルステート》から、サポートと協調の新しい組織文化が可能になる。

スピリチュアル・ビジョンがあれば、地球との間にも新しいつながりの感覚ができる。地球は、あなたが乱暴に踏み荒らす泥の塊《かたまり》ではない。地球はあなたの一部であり、あなたは地球の一部だ。するとと、万物に対する慈愛が生じていく。

そして、このスピリチュアルなビジョンは、あなたの考え方、関わり方、行動の方法を変容させる。そして、すべてにおいて美しい人生となっていく。

ハートが満たされたパートナーになるためのソウルシンク瞑想

深い愛の可能性を秘めた、ハートが満たされたパートナーになるためのソウルシンク瞑想をしましょう。愛情深く、安定した関係性を築けるようにと、宇宙に向けて意図を込めていきます。

この〝人生の旅〟を、あなたのパートナーと一緒に読んできたなら、共にソウルシンクを行なってもよいでしょう。

では、始めましょう。快適な姿勢でお座りください。

そっと目を閉じ、自分の内側に注意を向けていきましょう。

手のひらを天井に向けて、太ももの上に置き、親指で他の指にふれながら呼吸を数えます。人差し指から始めて、中指というようにして、8回数えましょう。子供と一緒に瞑想している場合は、カウントを4に短縮しても良いでしょう。

【第1ステップ】

8回深く息を吸い、ゆっくりと吐くことから始めてください。
1つの呼吸から次の呼吸に移るときに、指で数をかぞえましょう。
雑念が湧いてくるのは自然なことです。注意がそれてしまった所に戻り、数え続けてください。

【第2ステップ】

深く息を吸い、息を吐きながらハチの羽音のようなハミングの音を出しましょう。息が楽に続けられるまでハミングの音を出しながら音に集中していくと、くつろぎが深まっていきます。これを8回行います。

【第3ステップ】

今度は、8回の呼吸をしながら、吸う息と吐く息の間の小休止を観察しましょう。
息を吸って、息を吐くと、吸う息の後、吐く息が始まる直前に自然に生じる、ほんのわずかな小休止があります。この小休止を観察しましょう。無理に、息を止めようとはしないでください。

【第4ステップ】

穏やかな状態から、拡大意識の状態へと入っていきます。次の8回の呼吸では、息を吸って、息を吐きながら、心の中で「アーハム（Ah-hum）」または「私は在る（I AM）」と唱えます。

【第5ステップ】

あなたの体、周りのすべての物やすべての人々が、光の中へと拡大していくことをイメージし、それを感じましょう。

この意識状態において、分離や分断はありません。

このフィールドでは、思考と物質は一つです。

すべての形が一つの光の海に溶けていくと想像してください。

願いと現実は一つです。

【第6ステップ】

自分のハートが、つながりという美しい状態《ビューティフルステート》へと目覚めていくのを感じましょう。あなたと愛する人との間に境界線などないように相手を感じることができていると感じましょう。

あなたのハートから相手のハートへと深い愛が放射されていくのを感じましょう。その深い愛が相手を癒し、愛という美しい状態《ビューティフルステート》で満たしていくのを感じましょう。

準備ができたら、深呼吸をして、目を開けます。

あなたが調和のとれた人生の流れを体験できますように。

第4章

第4の神聖な鍵

スピリチュアル・ライトアクションを実践する

Byシュリ・クリシュナジ

辛い試練を経験しても、それによって挫折することなく成長に向かうためにはどうすればよいのだろうか？

「宇宙知性につながる」という第3の神聖な鍵が、問題解決を求める私たちを助けることはすでに話してきた。しかし、本書のゴールは、単に人生の課題や試練の解決を助けることだけではない。課題や試練を解決しながら、その過程においてあなたが自分自身を変容させていく方法についても伝えたい。

第4かつ最後の神聖な鍵は、生命のつながり全体にインパクトを与える能力を持っている。それがスピリチュアル・ライトアクション（スピリチュアルな正しい行動）のパワーだ。

私が16歳の高校生だったとき、家から学校までを自転車に乗って、猛スピードで誰よりも速く、できるだけ近道を通って走るということをよくやっていた。ある日、いつものように学校へ向かう途中、今まで通ったことのない道でちょっとした事故を起こしてしまった。道路を横断していた中年の出稼ぎ労働者にぶつかり、二人とも転倒してしまったのだ。

インドでは、このような状況になると、たくさんの人が集まってくるのが常だ。ほとんどの場合、誰が悪いかには関係なく、彼らは貧しい人の味方をする。もちろん、この場合は私が不注意だったのだが、とにかく人だかりができ始めていた。私は怪我をしており、恐怖さえ感じていた。そのとき、ある女性が立ち上がり、群衆に向かい、「立ち去りなさい。他人のことには構わなくていい」と言った。それから彼女は私のところに来て、立ち上がるのを手伝ってくれた。そして、私が自転車を起こすのを手伝い、道路の反対側にある彼女の小さな仮設小屋に連れて行ってくれた。私の傷口を洗い、このまま学校に行けるかと聞き、たくさんの愛で私を祝福し、教養のある人間になって、世の中にたくさんの善行をしなさいと言った。

私はショックを受けた。その瞬間の彼女にとって、「正義とはこうあるべし」という理想像は重要ではなかったからだ。彼女が気遣ったのは、暴徒が私を傷つけないようにすることだけだった。私は小さな声で感謝を伝えた後、自転車で学校に向かいながら、ずっと考え続けた。どうして彼女は、見ず知らずの相手に対して深い愛情をもって行動できたのだろう。彼女は、公平さや倫理観、あるいは法律に従って行動したのではない。彼女はただ、私の幸福《ウェルビーイング》を気にかけていたのだ。この出来事は私に非常に深いインパクトを与えた。これを機に、私は「行動」そのものの本質について考え始めた。

それは、どんな状況にも当てはまる「正しい行動」とは何だろうか？　ということだった。小さな状況でも大きな状況でも同じように適用される「正しい行動」はあるのだろうか？　自分の行動が正しいか間違っているか、私たちはどうやってわかるのだろう？　そこにフォーミュラ（決まったルール）はあるのだろうか？

私たちは、スピリチュアル・ライトアクションという第4の神聖な鍵を説明するのにフォーミュラという言葉は使わない。なぜなら、まるで一般的なルールがあるような印象を与えることで、あなたを頑《かたく》なで柔軟性のない考え方に閉じ込めてしまうからだ。

怒った群衆から私を救ってくれた女性は、間違いなく、何らかのルールブックに従っていたわけではない。彼女は深い思いやりから自発的に、自然に、行動した。

しかし、私たちは、彼女のようにできるだろうか？　実際、私たちが出会ってきた最も素晴らしい人々でさえ迷いながら行動している。前述した10個の頭を持つラーヴァナ王のように、「こうあるべき」と「こうあるべきではない」という、相反する多くの欲望や信念を持っているため、最も小さな行動をするときでさえためらってしまうのだ。

ワンネスのプログラムの中で、プリタジと私は「スピリチュアル・ライトアクション」のことを、宇宙とのコミュニケーションと定義している。私たちは誰でも、自分の意識状態《ステート》によって、宇宙という無限の意識の広がりに向けて絶えず情報を発信している。その本質が〝つながり〟である美しい状態《ビューティフルステート》に入るたびに、意識の統一フィールドと壮大に調和する。

ここで、宇宙知性からパワーを引き出すために役立つ正しい行動の原則を、あなたと分かち合いたいと思う。これらの原則に基づいた行動が、スピリチュアル・ライトアクションなのだ。そして、あなたのスピリチュアル・ライトアクションの結果として宇宙知性が解決策をもたらすなら、予期せぬ一連の出来事が自ずと調整されるように起こり始め、あなたの人生を間違いなく素晴らしいものへと押し出していく。

実際、スピリチュアル・ライトアクションは、私たちが必死になって人生の流れをコントロールしようとするときではなく、パワフルな意識状態から人生に向き合うときに行われる。

それでは、スピリチュアル・ライトアクションの3つの基本原則を見てみよう。これらは大なり小なりの人生の決断を下すときに役立つ。ただし、これらの原則を厳格なルールとしてではなく、インスピレーションとして捉えることを忘れないでほしい。

美しい状態《ビューティフルステート》を培うための時間を費やせば費やすほど、スピリチュアル・ライトアクションという第4の神聖な鍵は、あなたにとって当たり前のものとなっていくだろう。

【第1の原則】

スピリチュアル・ライトアクションは、私たちが内側の葛藤を解消した後に行われる。葛藤の最中に行われるのではない。

私たちは怒っているときや孤独なときに、関係性を始めたり、終わらせたりという決断をすることが多い。不安やフラストレーションで気持ちが落ち込んでいるときに仕事を辞め、経済不況を恐れながら買うか売るかを決める。しかし、賢明でない意識状態から賢明な行動が生まれることなどあるだろうか？　あらゆる苦しみの状態は知性を妨害する。苦しみの状態にいることで、私たちの現実に対する認識が歪められるのだ。

あなたはこれまでに、怒りやフラストレーションがある時には、過度に焦って行動を起こしていると気づいたことはないだろうか？　一方で、くよくよ考え、心配し、孤独感を感じていると、フリーズして何もできなくなったり、急いで行動したあげくに後悔したりしていないだろうか？　人によっては何時間も、何週間も、何カ月も、あるいは何年も、混乱した内側の状態で生きることがある。それは、熱いジャガイモを素手で持って踊るようなものだ。これ以上耐えられなくなるまで、片手からもう片方の手へと苦しみを転がし、豊かさの感覚ではなく絶望から選択をしているのだ。

スピリチュアル・ライトアクションへの道は、セリーンマインド（穏やかな心）の実践（訳注112ページ参照）を通して、立ち止まり、スローダウンし、苦しみの状態を解消することから始まる。ストレスが消えて初めて、明確に観察することや気づきを得ることが可能になるからだ。

ワンネスの青少年向け財団が提供したコースを修了した若い男性の話は、これを完璧に証明している。この20代の男性は、自分の人生のあらゆる側面を嫌っていた。嫌いなことのリストに最近加わったのは何か？　それはコールセンターに勤務し、各家庭に電話をかけてピクルスを売るという新しい仕事だった。

彼は、電話をかけるときに使うヘッドホンから、彼の声を聞いて勧誘の電話だと気づいた時の相手の反応まで、仕事のすべてが嫌いだった。少ない給料も嫌いだった。しかし、実家に仕送りをしなければならず、簡単に辞めることはできなかった。それに、年老いた父親の説教や非難も聞きたくなかった。誰からも大事にされない街で、透明人間のように生きることが不満だった。

父親と一緒に住みたくなくて、実家のある村に戻ることもできなかった。父親は、村で飲み水用の茶碗を作りながら何とか暮らしている普通の陶工だった。村では、それ以上のことを求められていなかったので、父親は自分の技術を磨こうともしていなかった。母親は主婦で、家族のために料理をし、裕福な人の農場で働いていた。彼は貧困に苦しむ自分の家族が嫌いだった。だから、自分には行くところもないし、やる意味のある仕事もないと感じていた。

ある日、いつものようにピクルスを売るための電話をしていたとき、彼はワンネスの財団ボランティアの一人と話をした。しばらく話をした後で、学校で開催される10代の若者向けイベントに招待された。そこで学ぶ中で、彼は自己嫌悪によって自分の人生を台無しにしていたことに気がついた。深いプロセスに導かれた後、彼は父親と自分自身に対する憎しみから解放されたと感じた。

次の連休で村に戻ったとき、母親が料理をしている間、この若者は黙って座っていた。彼は人生で初めて、母親との深いつながりを感じ、母親が家族のための夕食を作るのを手伝った。こんな単純作業を実家でしながら、ここ何年も経験したことのないほどの幸せを感じている自分に気づいた。次の数日間、彼は母親が料理を用意するたびにそれを手伝い、作った料理を一緒に味わった。食べ物の匂いと味で、舌の味蕾《みらい》が生き返ったようだった。彼のハートは新しい情熱に目覚めた。彼は、深い明晰さと勇気によって、コールセンターの電話勧誘の仕事を辞めて村に戻った。そして、母親や村の女性たちの指導のもと、隠し味を使って様々な地元料理を作るトレーニングを受けた。現在、彼はワンネスのキャンパスの一つでマスターシェフとして働いている。彼は、参加者の食事に対するニーズを満たしながら、皆がくつろげるための努力を惜しまない。彼は、美しい状態《ビューティフルステート》にいるシェフであり、彼の内側の状態は、彼が作るすべての食事に素晴らしい味として染み渡っている。

人生の決断を、苦しみの状態の真っ只中にいるときではなく、苦しみの状態を解消した後にするならば、思いがけない機会と繁栄がやって来る。

では、スピリチュアル・ライトアクションの第2の原則を見てみよう。

【第2の原則】

スピリチュアル・ライトアクションは、美しい状態《ビューティフルステート》から行われる。

美しい状態《ビューティフルステート》にあると、自分の幸福だけでなく、他人の幸福も自然と考慮に入れるようになる。美しい状態《ビューティフルステート》にあるときは、自分にとって大切な人たちすべての体験とつながっているのだ。

ただし、スピリチュアル・ライトアクションとは他人の幸福のために自分の幸福を犠牲にすることではない。私たちはしばしば、自分が人生で払ってきた犠牲を悲しみ、後悔する。犠牲を払ったのだから、相手から感謝されて当然、と期待する。そして、十分に尊重されていないと感じると、ディスコネクションという苦しみの状態に入り、それがまた数多くの別の問題を生み出していく。

またスピリチュアル・ライトアクションとは、私たちが自分の周りにいる他者の幸福を無視することでもない。スピリチュアル・ライトアクションは、つながりという美しい状態《ビューティフルステート》から生まれるため、他者の幸福はとても大切なのだ。従って、複数の人々の感情が絡むような複雑な状況では、誰にとっても最もダメージが少ないと思われる行動になる。

最後に、第3の原則を見ていこう。

【第3の原則】

スピリチュアル・ライトアクションは、理想像によって動かされるものではない。

私たちは皆、大切な理想や意見を持ち、そこから人生を形作ってきた。しかし、その理想像が私たちのアイデンティティの中心になり、それが私たちの行動のすべてを決め、それぞれの状況の固有性やユニークさを無視させたら、何が起きるだろうか？

私たちが、今この瞬間の叡智を使わずに、過去の慣例をただ真似しようとするなら、正しい行動はどのように生まれるのだろう？　今ここに存在するという気づきを使わずして、今この瞬間の状況に対する正しい行動がどのように現れるのだろうか？　たった一つの理想が、あらゆる状況に適用される導きの灯りとなることがあり得るだろうか？

インスピレーションを求めているとき、私たちは偉人伝を読む。今の自分が抱えている試練の解決策を他人の人生に見出したいからだ。しかし残念なことに、それが執着によって乗っ取られてしまう。ロールモデル（お手本）に夢中になると、自分自身を見失い、ロールモデルのように生きることに執着し始めるのだ。そのロールモデルと同じように有名になり、恋愛の達人になり、技術に熟練するよう夢見ることが新しい問題になっていく。私たちのロールモデルが、私たちの執着となり、苦しみの元になっていく。すると、まるで自分が二番煎じの中古品のような人生を生きていると気づくのだ。

理想像によって突き動かされることは、それがどんな理想であったとしても、たとえ良い理想であったとしても、目の前の状況が求める対応を今この瞬間に行うことから遠ざける。行動が理想によって動かされると、その行動は予《あらかじ》め決められた、機械的なものとなる。寛大で謙虚な対応でさえ、慣例的なものになる。理想に従うことのほうが、自分や他人を真に思いやることよりも重要になる。理想がどれほど良いものであろうと、高潔なものであろうと、それを実現しようとする強迫観念や執着に突き動かされて行動することで、あなたは人の気持ちがわからない冷酷な存在になってしまう。

中国の偉大な哲学者であり、王室の顧問でもあった孔子の物語を見てみよう。儒教による王国の統治システムは、明確に定義された法律、倫理、原則に基づいていた。友人や親、教師それぞれと話すときに使用される言葉遣いでさえも、すべてが予《あらかじ》め決められていた。孔子はそれが秩序、美徳、正義につながると信じていたからだ。その結果、どの行動が褒められ、どの行動が罰せられるかを誰もが知っていた。

ある時、馬が盗まれ、それが孔子に報告された。孔子はすぐに捜査を開始し、泥棒が見つかったら罰を与えて牢獄に入れることを決め、泥棒を発見した人には報奨金を与えることにした。数日後、若い男が孔子のところに現れ、泥棒が誰なのかを知っていると通報した。

「なぜわかるのだ?」と、孔子は尋ねた。

「私の父だからです」と若者は答えた。

「では、その男を見つけて、牢屋に…」と孔子は言いかけ、言い終わる前に、尋ねた。「ちょっと待て。なぜお前の父は、隣人の馬を盗んだのだ?」。

「私の家族は飢えていました」と若者は言った。「私も飢えていました。私の母も飢えていました。私たちには食べるものがありませんでした。私たちに何か食べさせるために、私の父は馬を盗みました」。

「しかし、彼はお前の父親だろう?」と孔子は言った。「なぜ父親を通報するのだ?」。

「私は正直でなければならないからです」と若者は言った。「私は真実を話さなければなりません」。

孔子はその後、判決を覆《くつがえ》して「父親を無罪放免にし、息子を3日間投獄せよ」と命じた。

この物語は、人々のマインドに多くの反応と疑問を巻き起こす。あなたも混乱しているなら、ここから一緒に考えていこう。この物語は、あなた自身の人生をより注意深く見るためのものだからだ。

この物語の中で息子がしたことは、当時の慣習や倫理に照らして正しい行動だった。彼は真実を語り、法律に従った。しかし彼の正直さは単なる理想像になっていた。つまりこの息子にとっては、何とかして自分に食事を与えようとしている父親とのつながりよりも、理想像のほうが重要になっていたのだ。正直者として見なされ承認されること以外には何も重要ではなくなっていた。理想像に執着することで、この若者は思いやりがなく、冷酷な人間になっていた。

おそらく孔子は、特にこれほど若いうちから冷酷な人間になってしまった者が街を歩き回るほうが、自分の家族に食べ物を与えようと盗みを働く老人よりも危険だと感じたのだろう。

この最後の神聖な鍵がどれほどパワフルであるかを、あなたに理解しておいてほしい。スピリチュアル・ライトアクションは、決断する際に従うステップごとの方法論ではない。これまでの神聖な鍵と同じように、あなたの内側の葛藤を解消することであり、自己執着から出ることだ。そして、素晴らしい知性と共に人生に向かうことなのだ。

あなたがスピリチュアル・ライトアクションを行なうとき、「あるべき姿」を追いかけて自分の健康や富や幸せを犠牲にすることはない。あなたは自分の幸せに価値を置き、大切にするからだ。スピリチュアル・ライトアクションはあなたから始まり、必然的に連鎖していくことで他者の人生にインパクトを与える。それは、人生で偉大なことを成し遂げるための第一歩となるだろう。

第1の鍵　スピリチュアル・ビジョンを持つことで、あなたは美しい人生を送る。

第2の鍵　内なる真実を観察することで、あなたは苦しみを解消し、美しい状態《ビューティフルステート》に目覚める。

第3の鍵　宇宙知性にアクセスすることで、あなたの人生は奇跡の領域に入る。

第4の鍵　美しい状態《ビューティフルステート》にいることで、あなたはスピリチュアル・ライトアクションを行い、
自分と周りの人々を偉大な運命に導く。

第4の人生の旅

意識的な富の創造者として出現する

Byシュリ・クリシュナジ

想像してみよう。のんびりとした午後、あなたは森を歩きながら、お気に入りの歌を口笛で吹いている。

突然、一羽の鳥がけたたましい叫び声をあげる。視界の隅で何かが動く。藪の中に何かいるのだ。あなたは、自分が危険にさらされていることに気づく。何かがあなたを見ている。それは虎だ。あなたに、今にも飛びかかろうとしている。

あなたは慌てて走り始める。しかし虎は追いかけてくる。すると、目の前に井戸のような深い洞穴を発見する。虎から逃げたければ、この穴に飛び込むしかない。この穴の内部は危険に満ちている。傾斜は急勾配で、壁は凹凸が激しくゴツゴツしている。それでも濁った水と共に転げ落ちると、あなたは体中にアザができ、血まみれになる。ふと下を見ると、口を大きく開けた巨大なワニがいる。恐怖に駆られ、何とか洞穴の壁にしがみつこうとする。何度か失敗した後、壁に巻きつく野生の蔦《つた》にかろうじてつかまることができた。しかし、あなたの足は、ワニの口から数センチのところにぶら下がっているだけだ。

上には虎、下にワニがいて、あなたは必死になって蔦《つた》につかまっている。その時、あなたがつかまっている蔦《つた》の上のほうに、二匹のネズミがいることに気づく。一匹は白く、もう一匹は黒で、蔦《つた》をかじっているのだ。

空中にぶら下がったまま恐怖を感じていると、何かが頭の上に一滴、落ちてくる。見上げると、かなり高いところに蜂の巣があるのに気づく。あなたは舌を長く突き出し、次の蜂蜜の一滴が落ちてくるのを待ちわびる。わずか一瞬でも安心感を与えてくれる甘さを渇望するのだ。


……まず、この恐ろしい想像の旅にあなたを連れ出してしまったことをお詫びしよう！　しかし、この話をした目的を説明するので、少々待ってほしい。古くからあるこの物語を理解することで、あなたの意識が豊かさについての新しい考え方に開かれるからだ。

この物語は、私たちの多くが人生をどのように体験しているかを視覚的に表現したものだ。虎は、自己執着が支配的になっているときのあなたに忍び寄る、恐れの状態を象徴する。その恐れとは、「自分は取るに足らない、つまらない存在だ」というもので、私たちはそれを〝ノーバディ・ステート〟（訳注　自分がつまらない存在だと感じている状態）と呼ぶ。

洞穴は、私たちが無意識に、攻撃的に、野心的に富の創造を追求していく過程を象徴する。洞穴に飛び込んで転がり落ちていくことは、ノーバディ・ステートから脱出する出口のように見えるかもしれない。しかしそれは、私たちが恐れから飛び込む逃避行動であり、喜びの感覚や目的意識からではない。

ワニは、自己執着の結果として噴出する終わりなき経済的問題の悪循環であり、洞穴を滑り落ちた先に待っている退屈な人生でもある。あなたがぶら下がっている蔦《つた》は、あなたの希望だ。蔦《つた》をかじっている白と黒のネズミは、夜と昼が過ぎていくことで、あなたの希望が日増しに薄れていくことを象徴する。そして最後の蜂蜜が象徴するのは、あらゆる不安や混乱の中にいても、私たちが渇望するわずかばかりの快楽の瞬間だ。

どのようにしたら、このような窮地から抜け出せるのだろう？

多くの人々によって最も頻繁に選ばれる道筋は、こうだ。虎を見た瞬間、この物語の主人公がしたのと同じことをする。つまり走って逃げ、頭の先から洞穴へと飛び込んでいく。その穴はさまざまな形をとる。親が私たちに就かせたい仕事かもしれないし、10代の頃には決して得られなかった尊敬を約束してくれる職業かもしれない。兄弟よりも裕福になれる資格かもしれないし、パーティーで軽視されない社会的地位かもしれない。

そのような道筋は一見、目標達成と経済的安定を約束するように見える。しかし、私たちが、内なる空虚感や不安、ストレスという苦しみの状態を埋めるためだけに行動を起こすことは、私たちの周囲にネガティブなエネルギーの渦を作り出し、より大きな混乱と自分は凡庸だという歯痒さを人生に招いていく。私たちがそのような低次の意識状態で生きていると、人生のすべての側面に問題が起き始める。これは明らかに、経済的豊かさへの道筋でも、意識的な富の創造が起こり得る意識状態でもない。

しかし、もっと素晴らしい道筋がある。もっと別の意識状態で生きることは可能なのだ。

ノーバディ・ステートの人生

ワンネスキーワード⑫　ノーバディ・ステート（Nobody State）

ノーバディとは「誰もいない」という意味ですが、本書でのノーバディとは、つまらない人間、取るに足りない人、重要ではない人、何者でもない人、の意味です。ノーバディ・ステートとは、自分のことを取るに足らない人間だと思って、自己評価の低い状態を意味します。

マイクは、大成功を収めた建設会社のCEOだ。彼は、今後は誰からも絶対に見下されまいと決心した瞬間を今でも覚えている。そのときの彼はまだ10代の若者だった。愛する少女が自分を捨てて裕福な少年を選んだのだ。その屈辱感が、その後の人生にずっとつきまとっていた。

彼の会社が社会的に認知されるまでの道のりは、大変な苦難続きだった。やがて成功し周囲に認められた後も、彼は望んでいた幸福を得ることはなかった。むしろ苦労の年月を経た後の彼は、傲慢《ごうまん》な状態《ステート》に陥《おちい》っていた。自己無能感から逃れるために、自分に対しても他人に対しても長い時間をかけて、自分がどれほど偉大な人間かを語った。

マイクが40代後半になったとき、同じ業界の競争相手の台頭に耐えられなくなった彼は、嫉妬に駆られ、ライバルを蹴落とすためにいくつかの不正行為を行なった。しかし彼の戦略は、大規模な形で裏目に出た。一連の出来事はマスメディアを通して明らかになり、彼のイメージに汚点がついた。彼は会社を失い、顧客は他社に移り、従業員は彼のもとを去って独立していった。

マイクは、過去20年間の業績が水の泡になったことを振り返り、自分がこれ以上ないくらい深い穴に落ちたことを知った。もはや、走り続けるのをやめる時が来ていた。

マイクは、ワンネスが提供していた4日間のプログラムに参加することに、最初はあまり気が乗らなかった。それでも参加したのは、10代の娘が強く勧めたからだった！

しかし2日目になり、真剣に自分の内側を見つめ始めた彼は、自分が常に課題に向き合う力ややる気だと思っていたものが、本当のところは中毒だったことに気づいた。これまで富と成功を求めて格闘してきた道のりは、10代の頃から体験していた内なる空虚感を埋めるための虚《むな》しい試みだったのだ。

内側にしつこく現れる自己無能感に向き合ったことがなかったために、年月の経過の中でその感覚は強くなっていた。それを黙らせる唯一の方法は、彼の業界で他の誰よりも成功してトップになることだった。その結果が、攻撃性と冷酷さに基づいた成功への猛進として現れた。

しかし、大成功した経営者となった後も、心の中には10代の頃と変わらぬ空虚感があり、自分を取るに足らない人間だと感じていることに気づいた。自分の下で何人の従業員が働いていようと、業界でどれほど高く評価されていようと、全く関係なかった。他人が自分よりも成功することを想像しただけで、自分が大したことのない存在だと感じた。彼はまだ苦しんでいたのだ。プログラムの最終日、私からのディクシャを受けとった後の瞑想中、彼は身動きが取れないほどの恐怖に襲われた。それは、取るに足らない人間のまま死ぬ恐怖だった。考えを変えようとしても、その恐怖を振り払うことができなかった。

やがて彼は、自分の人生は実際に、誰にとっても重要ではなかったという気づきに降伏し、辛い真実を見た。それは、自分の存在によって誰かの人生を豊かにすることはできなかったという真実だった。

深い瞑想の中で、彼は自分が〝無意味な存在である〟という痛みに身をまかせた。その瞬間、臍《へそ》のあたりで激しい熱が湧き上がった。ハートとお腹に馴染み深く存在していた不満の感覚が、大きな炎によって燃やし尽くされているように感じた。約1時間後、心地よい眠りが彼を包んだ。

マイクの帰国の機内は、人生を振り返る時間となった。彼は、ノーバディ・ステートから富を追い求めることの虚《むな》しさに気づいていた。どんな物質的な成功も、自分が完全な存在だと感じさせてはくれなかったからだ。彼の真の変容のプロセスが始まっていた。新しい人生が彼を手招きしていたが、彼はいくつかの決断をしなければならなかった。

引退して趣味を始めるのか？　改めて新しいキャリアを築くのか？　以前の職業を続けるのか？　同じ街で同じ仕事に再挑戦するのか、それとも別の場所に移るのか？　一人で働くのか、それとも他人と働くのか？

彼は一体、どこからスタートしたのだろう？　彼の旅路には、また後で戻ることにしよう。

「完璧な自己」の痛み

マイクが認識したようなノーバディ・ステートから豊かさを追い求めるとき、それはニワトリが飛ぼうとするかのようだ。つまり、そこには限界があり、すぐに疲れてしまう。ノーバディ・ステートは、以下の3つの道筋につながる可能性がある。

1　劣った知性の意識状態から行動を起こすため、求める富を獲得できない。

2　たとえ何らかの成功を収めたとしても、その道のりは困難を極め、苦痛に満ち、達成感もなければ楽しむ余地もない。

3　私たちが苦しみの状態にいることによって、努力して得たすべてを危険にさらすような問題が生まれる。

これらのシナリオが、あなたを袋小路に入った気分にさせたとしても、安心してほしい。ノーバディ・ステートが私たちをコントロールするのには理由があり、それに気づくことで、ノーバディ・ステートのパワーは失われ始めるからだ。

しかし、そもそもどのようにしてノーバディ・ステートは強力になるのだろうか。ここで覚えておいてほしいのは、私たちのマインドが、意識的に選んだ情報の結果だけで存在しているのではないということだ。マインドには祖父母や両親、教師や友人、高校時代の初恋の人、これまでのパートナーたちが夢見たことや彼らの偏見、恐れ、願望まで流れ込む。さらにはそれほど好きではなかった人々の意見まで入っているのだ！

この集合的な情報の流入は、私たちの中に「完璧な自己」のイメージとして結晶化される。あろうことか、この「完璧な自己」は美徳にあふれ、頭が良く、肉体的に魅力的で、経済的に豊かだ。スティーブ・ジョブズ、オプラ・ウィンフリー、ジジ・ハディッド、ウォーレン・バフェットなどのセレブたちを全員まとめて一人にしたと想像してみてほしい。そして、ダライ・ラマのニュアンスも振りかけてみたらいい！　これは多かれ少なかれ、あなたの理想の自己イメージだろう。

このような、世界で最も尊敬に値する成功した人々、または魅力的な人々を意識的に見本にしなくても、私たちは生まれたときから、「良い人であり、幸せであり、成功しているとはどういうことか」について、たくさんのメッセージを浴びせられている。当然、私たちが「こうあるべき」と思う自己イメージは、人生のかなり早い段階で形成される。やがて自分が家族や友人、教師からジャッジされていると感じ始めると、「こうあるべき」自己イメージが複雑化していく。

私たちが気づかないうちに、この「完璧な自己」は、私たちがどうあるべきかという内なる指標になる。私たちは常にこの理想像と現実の自分を比較し、そのたびに、指標を満たしていない自分と自分の人生に失望を感じる。そして空虚感を感じ、絶望の状態《ステート》から、あらゆる目標を追いかけ始める。

ここで話していることは、私たちがあなたに、「もっと現実的になれ」「分をわきまえろ」と言っているように聞こえるだろうか？　満足のいく人生を送るためには、自分に対する期待値を下げ、あらゆる願望を捨てたほうがいいと言っているように聞こえるだろうか？

いや、そのようなものは私たちの哲学ではない。そもそも、何が現実的で何が非現実的なのかを決める尺度はあるのだろうか？　私たちは、あなたが妥協して望まぬ人生を送るよう勧めているのではない。あなたが願望を持たないようにすることも勧めてはいない。私たちにとって重要なのは、願望が壮大なものであろうとシンプルなものであろうと、どの意識状態からその願望を追求するか、だけなのだ。

では、ノーバディ・ステートがコントロールし始めると、私たちはどのような行動をとるだろう？　そして、ノーバディ・ステート以外の生き方を私たちが知らないとしたらどうなるだろう？

ここで一言、言わせてほしい。ノーバディ（取るに足らない人間）で生まれた人など誰もいない。「完璧な自己」幻想とノーバディ・ステートの現実の間で精神的な分裂を経験し始める前の私たちは、美しい意識状態《ビューティフルステート》だった。幼い頃の私たちは、いかなる時でも自分が体験していること以外の別の何かになることなど考えていなかった。私たちは常に、自分の内側の状態と一つだった。それが、怒りだろうと、喜びだろうと、嫉妬だろうと、退屈だろうと、遊び心に満ちることだろうと、同じだった。

この意識状態の中で、私たちは完全で、堂々として、自分自身だった。この無邪気さという美しい状態《ビューティフルステート》は、一種の楽園だった。不幸は、私たちの体から弾かれて落ちる水滴のようだった。肌や目の色が違っても、私たちは怖気づくことなく、自分自身でいられた。アルファベットや数字を読めても、読めなくても、私たちは平和な意識状態にあった。私たちは、自分のやり方で、自分のタイミングで物事を学んだ。それぞれの努力は、ユニークで創造的な行為だった。

私たちは年を重ねるにつれて、この内なる安らぎの感覚を、複雑な比較測定のシステムと交換してしまった。そのシステムによって、私たちは決して満足しなくなった。「完璧な自己」幻想にはまり、痛みを伴うノーバディ・ステートに深く沈んでいったのだ。人生によって傷つけられるたびに、このノーバディ・ステートは強力になった。

親が私たちをきょうだいと比較すると、自分が大したことのない存在（ノーバディ）であることへの恐怖が忍び寄る。先生が他の子を褒めると、自分が重要ではない存在（ノーバディ）であることへの恐怖が噛みつく。大好きな人に拒絶されたり、夢の仕事に就けなかったりすると、自分がつまらない存在（ノーバディ）であることへの恐怖が私たちを蝕《むしば》み始める。

大きな名声を獲得した人でさえ、このノーバディ・ステートを経験する。その場所に留《とどま》り続けると、最も権威のある賞や称賛をもらったとしても、全く喜ぶことができなくなる。

だから、わかっていてほしい。このノーバディ・ステートから富の創造などできない。私たちはただ、中毒的に絶望の落とし穴に転げ落ちていくだけになるのだ。

ここで立ち止まりましょう。

少し時間をとって、自分に正直になっていきます。

これまでの人生で、富を築き、様々な形の豊かさを体験するという自分の能力が、ノーバディ・ステートによって狭《せば》められてきたことを見ていきましょう。

ノーバディ・ステートは、どのようにあなたを絶望感の中に閉じ込めたでしょうか？

うまく思い出すことができなかったら、見せてくれるように宇宙知性に頼みましょう。

セリーンマインド・プラクティスを行なうことで、自己執着や自己中心的な考えを脇に置くこともできます。

あなたは今、意識的な富の創造者になるための第４の人生の旅に入っています。

深く息を吸い、ゆっくりと息を吐きましょう。

気持ちが落ち着くまで、これを数回行なってください。

ノーバディ・ステートにいることで、絶望感から抜け出せないままでいることを振り返りましょう。少し時間を取ってください。

ノーバディ・ステートから人生を生きることは、あなたにどんなインパクトを与えているでしょうか。より広い視点から見てください。

あなたの家族、あなたの組織、あなたの周りの環境にどのようなインパクトを与えているでしょうか？

意識的なリーダーとして、自分の成功や達成へと向かう原動力となっている意識状態は何だろうかと、自分に問いかけてください。

「私は、比較や人より劣ることへの恐れを使って、前進しようとしているのだろうか？」。
「それとも、深く喜びに満ちた情熱の意識状態からインスピレーションを得て、より良い世界を生み出そうとしているのだろうか？」。

あなたの内なる真実が何であれ、それを安らぎに満ちた目で観察してください。

自分の奥にある内なる真実を観察した今、これから何をすべきかがわかりましたか？

気づきは自ずと、行動として現れます。
真実のパワーがあなたに作用しますように。

炎症するマインドを癒す

私たちは皆、身体の炎症を経験したことがある。有害または刺激性のものが有機体に侵入すると、それを除去しようとする生物学的反応が起こるからだ。目に見える炎症のサインや症状は、多くの場合は痛みや刺激を伴うものだが、それは自分を癒そうとして体が戦闘状態にある証拠だ。

もちろん、炎症が体の均衡《きんこう》を混乱させて、さらなる炎症を引き起こすこともある。慢性的かつ低悪性度の炎症の危険性は、一見は静かな性質の中に、破壊的なパワーを隠していることだ。実際、ストレス誘発性の炎症は、一度引き起こされると何年も、さらには数十年もの間、検出されないまま持続し、体全体に細胞死を広めてしまう。この体内の戦闘状態は、糖尿病やアルツハイマー型認知症、髄膜炎、ガン、または冠状動脈性心疾患などとして現れる。これが、今日多くの医学研究が炎症性疾患との戦いに焦点を当てている理由だ。

身体が何年も炎症状態にあり続けられるのと同様のことが、私たちの存在にも起こる。心の傷に対する正常な反応として始まったものが、ハートとマインドの病気となっていく。そして、マインドの炎症が始まってしまうと、何十年も検出されずに私たちの人生を歪《ゆが》めていく。

あなたは過去のトラウマなど乗り越えたと主張するかもしれない。実際、子供の頃とはまったく違う人生を築いたと言えるかもしれない。しかし、自分を癒し、豊かさを歓迎し、美しい人生を生きるためには、取るに足りない存在（ノーバディ）であることへの恐れに立ち向かわなければならない。どうしたらそれが可能になるだろう？

ノーバディ・ステートの兆候の一つは、富との極端な関係だ。この苦しみの状態を経験する人々は、お金に対して強迫的な執着を持つか、お金に対して完全な嫌悪感を持つか、またはその２つを行ったり来たりしているか、いずれかを抱えている傾向がある。

まず、お金への執着について説明しよう。

私たちは皆、身体が感染症に対して行う典型的な症状の一つを知っている。それは、発熱だ。実は、ノーバディ・ステートについても似たようなことを体験する人々がいる。

それは、ある種の熱狂状態になり、手当たり次第に富と地位を手に入れることに執着するのだ。このような〝熱〟が支配すると、現実をはっきりと見ることができなくなる。未来に対しても、歪《ゆが》んだビジョンで妄想する。「もっとお金さえあれば、欲しいものは全部手に入るはず。私は愛も幸せも権力も、何もかも欲しい」。

このようなビジョンに駆り立てられる場合、わずかな期間なら爆発的エネルギーがあるかもしれないが、それは続かない。長い目で見ると、このようなマインドの枠組みからでは、何かしら確固たるものを構築するのは困難だ。ひたすら執着に向かうことで、失敗をひどく恐れ、試練や問題に対しての新しい模索や創造的な解決策を思いつくことはできなくなる。

生け花の講師であるメイは、老後に対する貯蓄が十分にないことを恐れて暮らしていた。実際、彼女は何年もの間、銀行にどのくらい貯金が残っているのか、あとどのくらい貯められるのかに執着し、計算ばかりしていた。しかし、どんな行動を起こしても、どんなにお金を稼いでも、充実感や安心感は得られず、長い間、鬱状態にあった。

ワンネスで、これらの感情のルーツを見つめたとき、彼女は子供の頃、何をしても母親を喜ばせられないと感じていたことに気づいた。彼女は、同じマインドの状態を友人や恋人など、あらゆる関係性に持ち込んでいた。高校生の頃でさえ、経済的な豊かさに執着していた。内側で体験している不安という苦しみの状態は、お金さえあれば消えてなくなると思っていたのだ。

時が経つにつれ、メイとお金の関係はさらに歪《ゆが》んでいった。長い時間を費やして、退職時にいくら貯金があるかを計算し、お金が十分ではないとわかるとパニックに陥《おちい》った。このパニックによって、彼女は休みなく仕事に駆り立てられ、より多くのお金を稼ごうとした。その一方で、衝動的に買い物をし、賢明でない投資をして、手の内からお金が流れ出ていくことを常に後悔した。彼女は内側で貧困の状態《ステート》を生きていたのだ。彼女のパニックは更に高まり、何日も不快感が続き、疲労がとれないほどになった。

自分が抱えている問題が、完全に自分の内側の状態の結果であると気づいたときに、メイに解放が起きた。様々な問題で彼女を試していたのは宇宙ではなかったのだ。彼女の内側で炎症状態にあったマインドが、彼女の人生を制御不能にしていたのだ。その後の数カ月で、自分の内側の状態に対する気づきが深まるにつれ、彼女はいけ花で扱う花たちや学ぶ生徒たちとのつながりという美しい状態《ビューティフルステート》に自然と目覚めていった。

メイが足を踏み入れた深淵なスピリチュアルな旅路は、かつて彼女を不安にさせ、お金に執着させていた脳内の神経回路をシフトさせた。彼女は今、多くの時間を美しい状態《ビューティフルステート》で暮らしている。宇宙は彼女の味方であり、多くの思いがけない幸運やシンクロニシティをもたらしてくれると感じている。

発熱という症状によって、風邪を引いているという警告が与えられているように、マネーマニア（お金中毒）という症状は、私たちの内側に深刻な不調が起きていることに注意を喚起している。もちろん、炎症の兆候を押し隠すために薬を買いだめすることもできる。しかし、自分の中に生じる不快感を警鐘として、ノーバディ・ステートにきっぱりと立ち向かうこともできるのだ。

ノーバディ・ステートから作られる富との第二の関係は忌避《きひ》だ。ノーバディ・ステートによって、銀行の預金高への執着に頭から飛び込む人がいる一方で、その真反対の方向に突っ走る人もいる。「お金は結局のところ、悪である」というのが、その考え方だ。「お金は、人々を傲慢にし、世界を悪くすることばかりやってきた。だから、お金を追いかけたり、尊重したりすることは無駄だ」。

そのような内なる嫌悪感は、自分が感じている怒りを正当化させる。「世界には何も持っていない人がたくさんいるのに、なぜ隣人はこんなに大きな家を持っているのだろう？」。

富との関係に、このような拒絶が持ち込まれることで、私たちは自分の貢献も尊重できなくなる。自分が提供するサービスへの真の対価の支払いを求めることもためらう。他人が自分に提供するものに対しては法外な値段だと文句を言いながら、自分の当然の権利を主張する勇気がなくなってしまうのだ。

しかし、もう少し深く見てみると、お金やお金を持っている人に対する嫌悪感も、過去にある何らかの炎症体験に根ざしていることに気づく。この第二の執着も、最初の執着と同じくらい愚かで危険な反応だ。あなたは、そこにとどまっていないだろうか？

ここで立ち止まりましょう。

内なる旅に入りましょう。
ゆっくりと呼吸をして、今この瞬間に戻りましょう。
自分の内なる真実に向かって、より深く、より勇敢に探求しましょう。

落ち着いて座り、観察を始めます。

これまで、あなたと富との関係はどのようなものでしたか？
あなたは、富に執着していますか？
あなたにとって富とは、靴の中に入った小石のように、前に進むたびに注意を向けなければならないものでしょうか？

それとも、富に対して無関心を装っていますか？
または、富を軽蔑していますか？

ノーバディになるという恐怖に、どれほど頻繁に取り憑かれているでしょうか？

誰にとっても大切ではない人間として生きることや死ぬことについて、どれほど頻繁にとらわれているでしょうか？

いつか重要な人物になろうとする執着によって、今日のこの瞬間につながりを感じながら生きることが妨げられていませんか？

または、あなたの豊かさの追求は、自己発見の喜びと、自分の才能を世界と分かち合いたいという願望から生まれたものでしょうか？

旅を続けてください。
あなたの幸運を祈ります。

ここで重要なのは、恐れという苦しみの状態を持つ自分を戒《いまし》めることではない。まったく逆だ。むしろ、この旅路にいる自分を祝福してほしい。真実ではないものから真実へ向かう旅こそが美しい状態《ビューティフルステート》で生きる鍵なのだ。

私たちはこのノーバディ・ステートから解放されることができるし、解放されなければならない。このような苦しみの状態は、自分の周りにネガティブなエネルギーフィールドを作り出す傾向があるからだ。

私たちは皆、このようなことを目撃したことがないだろうか。お金に執着してひどい苦しみの中にいる人が、非常に愚かな決断を下し、結果としてその人に出会うすべての人に悪影響を与えてしまうのだ。

ノーバディ・ステートは仕事中毒や鬱として現れることもある。そのような状態《ステート》の人の周りにいるのは容易なことではない。彼らはしばしば憤りや恥の感情にとらわれすぎて、誰の愛も感じられないからだ。

マクロレベルでは、ノーバディ・ステートは富が私たちに流れ込むのを妨げる勢力となる。それは知性を妨げ、幸運を妨げる。ヒンドゥー文化における富と豊穣の女神ラクシュミーが私たちの人生に現れるための扉を閉ざしてしまう。

しかし、私たちはそこから抜け出せるのだ。

建設会社のＣＥＯであるマイクを覚えているだろうか？　彼の内なる旅は、経済的安定の追求を諦める方向には向かわなかった。しかし、彼は他のものを手放した。彼の追求はもはや空虚感から来るものではなくなった。彼を嘲笑し、彼とのパートナーシップを解消した人々に対する怒りによって動かされたものでもなかった。社会の中で、なんとかもう一度、面目を保とうとする必死さから来るものでさえなかった。

マイクは、静かなる勇気という美しい状態《ビューティフルステート》に目覚めたのだ。彼は、自分の意識状態と行動が引き起こした惨状を認識していた。誰に対しても、何の恨みもなかった。変容した意識のパワーは、新しい目的へと彼を導いていた。それは、世界のために自分の知識を活用したいという情熱だった。

今、彼の周りには新しいチームが集まり始めている。私たちがこの本を書いている時点で、彼と彼のチームは、意欲的に学びを求める人々に対する建築ソリューションをオンラインで提供するビジネスに取り組んでいるのだ。平安と情熱という美しい状態《ビューティフルステート》に根ざし、彼らはレンガを一つずつ積み上げるように夢を築いている。今回の上昇への道のりは、彼の内側においてスムーズで全く力みがない。

意識的な創造者になる

富の創造は、世界で最も議論されているトピックの一つだ。あなたも、お金持ちになる方法に関する多くのテクニックや戦略について聞いたことがあるだろう。しかし、ワンネスでの「意識的な富の創造者」になるための旅は、それらとは全く異なる。

私たち二人は、豊かさを創造するためには〝意識へのアプローチ〟をするよう提唱しているのだ。それは、夢の実現を妨げる破壊的な意識状態から離れ、創造的で完全に目覚めている意識に向けて飛翔することだ。もはや欠乏感から創造し、構築し、達成する必要はない。あなたは、はるかに大きな創造の源から引き出す方法を学んでいく。

ワンネスの生徒がこの意識の旅に入ると、彼らは新しくてワクワクさせるチャンスへと目覚め、奇跡的なシンクロニシティを体験する。大きな流れに逆らうのではなく、大きな流れが彼らを運び、人生という川に現れる数々の素晴らしい岸辺へと連れて行ってくれる。

では、意識的な富の創造者とは誰だろう？

意識的な富の創造者とは、富と成功を追求する際に、自分がどの意識状態からそれを行なっているかに気づいている人のことだ。

意識的な富の創造者とは、彼らの富と成功の追求の背後にある目的に気づいている人のことだ。意識的な富の創造者とは、彼らの富の創造が周囲のエコシステムに与えるインパクトを認識している人のことだ。

ここで、非常に愛されている企業の有名なCEOの体験をシェアしよう。数年前、この企業に新しく任命されたCEOとその妻は、ワンネスでの最初の変容の旅を体験した。当時、その企業は財政危機に陥《おちい》っており、状況を好転させる責任が、取締役会によって彼に課せられた。

彼は、このような危機に直面したときにほとんどのリーダーが決断すること、つまりコスト削減のために人員解雇を行なうことを決めた。非常に重苦しい気持ちで、妻に解雇計画を話したところ、彼女から質問をされた。「あなたが解雇を決断したということは理解したわ」と妻は言った。「でもその決断は、どの状態《ステート》からしているの？　恐れから決めているの？　それとも愛から決めているの？」。

その瞬間、CEOはスピリチュアル・ビジョンという第1の神聖な鍵の旅に入った。彼は、この試練に対して自分が美しい状態《ビューティフルステート》ではなく苦しみの状態から向き合っていることに気づいた。苦しみによって自分が絶望して愚かになっていることも、はっきりと理解した。彼の苦しみの状態が、更に多くの問題を引き寄せていたのだ。

苦しみを解消し、美しい状態《ビューティフルステート》から会社の試練に対処するというビジョンを確立したCEOは、内なる真実という第2の神聖な鍵へ旅した。彼は、今の自分の決断が組織に対する大きなビジョンからではなく、自己防衛と自己執着によって突き動かされていることや、恐れから選択していることに気づいた。彼は取締役会が自分をどう評価するかを恐れ、重役たちの目から見て自分が成功した人間であると証明することに躍起になっていた。

こうして自分の恐れを認識した後、彼は自分自身に、「この状況に、私はどちらの状態《ステート》で対応したいのか？」と尋ねた。

答えは彼の目の前にあった。彼は瞑想を続け、すべての従業員とのつながりのスペースに入ることを思い描いた。クリスマス直前に職を失ったら従業員たちがどう感じるかにつながったのだ。

そして、スピリチュアル・ライトアクションという第4の神聖な鍵に従った。明確な意図と宇宙への信頼をもって、彼は会社全体にインスピレーションを与え、家族のように団結して生産から梱包、輸送、販売に至るまで、あらゆるレベルで皆がコストを削減するよう促《うなが》した。

彼のつながりの状態は、組織内の全員に非常に深いレベルで影響を及ぼした。彼らは一丸となって目標に向かい、これを実現し、会社は危機を乗り越えた。

そして、他の変化も彼にとって有利に動き始めた。クリスマスが近づくにつれて、国の経済状況が好転したのだ。消費者からの需要も増加したが、会社がそれに応えることができたのは、従業員を解雇しなかったからだった。彼の在職中、この企業は毎年比類のない成長を達成した。

四つの探求。二つの道

私とプリタジは、自分たちの富や他の何であれを誇示したりすることは好きではない。しかし、あえて言うなら30年近い結婚生活の中で共にグローバルビジネスの成功をクリエイトし、多くの生徒を意識的な富の創造者になるよう導いてきた。

その私たちを導いてきた叡智がある。それをあなたにシェアしよう。

古代インドの賢者によると、人間のあらゆる願望は四つの探求に分類できるという。

- **アルタ**…富、および富がもたらすあらゆる快適さと贅沢。
- **カーマ**…愛情や親密さ、尊敬、慈愛など、あらゆる形の愛。

・**ダルマ**…家族、組織、そして世界に変化をもたらしたいという情熱。
・**ムクティ**…悟りとも呼ばれるスピリチュアルな目覚め。それによって苦しみや分離という幻想から解放される。

私たちの願望は何であれ、この四つの主要な探求のいずれかのカテゴリーに入る。これは私たち二人が育った文化では広く知られた枠組みだったが、私たちはワンネスのプログラムを構築するようになって初めて、この古代の叡智についてより深く理解することができた。

これら四つのゴール、つまりすべての人間の願望は、二つの道から追い求めることができるのだ。それは美しい状態《ビューティフルステート》か、またはノーバディ・ステートという苦しみの状態か、どちらかだ。まず、ダルマについて見ることで、それはどういうことなのかを考えてみよう。

私たちは皆、子供としては両親に対し、伴侶としてはパートナーに対し、市民としては共同体に対して責任を担っている。ストレスに満ちた状態からその役割を果たすと、その責任は私たちが負わなければならない雑用や義務という重荷になる。私たちは理想に駆り立てられて、あるいはシステムの中での役割を果たそうとして義務を果たそうとする。しかし、義務にはハートがない。

私たちが、その本質はつながりである美しい状態《ビューティフルステート》に移行すると、私たちのダルマは、家族、コミュニティ、または社会など、あらゆるものの構造を養い育もうとする情熱になっていく。自分のスキル、影響力、そして自分たちが持っているすべてを、人々や世界の幸福（ウェルビーイング）のために活用していくのだ。

私たちはすべてが相互につながり合っていることや、自分の内側の状態と行動が生命同士のつながりに広範囲にわたって影響を及ぼしていることを認識する。こうして私たちが自ずと作り出している波及効果《リップルエフェクト》を考えると、自分が本当にノーバディであることなど、可能なのだろうか？

カーマ（愛の探求）も同じように、このノーバディ・ステートから追い求めることができるが、その場合、愛への欲求は終わりのない渇望になっていく。私たちはなんとかして他人を楽しませようとする一方で、相手が自分を楽しませてくれることを期待する。必死に行う快楽の追求は、やがて制御できない執着になる。カーマが美しい状態《ビューティフルステート》から追求されるなら、互いに育み、向上し、解放をもたらす愛へと向かうだろう。

ムクティ（スピリチュアルな探求）もノーバディ・ステートから追求すると、知識やスピリチュアルな技術をただ集め、他人に見せびらかすための野心的で攻撃的なプロセスになる。現実問題から逃避しようとして、俗世を超えた高尚な存在であるという自己イメージに固執するが、その結果、絶望や孤立、葛藤へと深く彷徨《さまよ》ってしまう。これこそ、非常に信心深い人々が世界と戦っているように感じ、多くの人助けをしている人々が自分の内側で小さく泣き叫ぶ「なぜ、他人はもっと簡単に生きているのか？」という声を鎮められない理由なのだ。

ノーバディ・ステートからスピリチュアルな道を探求した人物の典型的な例は、仏陀のいとこであるデーヴァダッタだ。デーヴァダッタはハンサムで聡明で、時には仏陀よりも話術に長けていると認められていた。

二人がまだ子供だった頃に、デーヴァダッタが弓で射た白鳥が仏陀の足元に落ちたという逸話がある。仏陀はすぐにその白鳥の傷の手当てをし、元気になるまで看病した。デーヴァダッタは、自分が射た白鳥だから自分のものだと主張したが、長老たちは、命を与えたのは仏陀だからと白鳥を仏陀のものとした。

おそらくそれがデーヴァダッタのノーバディ・ステートの始まりだったかもしれないし、それ以前の別の出来事から始まったのかもしれない。仏陀が悟りを開いた後にようやく故郷に戻ったとき、デーヴァダッタは仏陀の僧院に加わった。それは仏陀よりも自分のほうが偉大な教師であることを証明したいという、密かな願望を持っていたからに過ぎなかった。彼は大変な苦行をしたが、不満を抱えたまま亡くなった。

私たちは皆、この物語の中の仏陀のようになりたいと願うが、デーヴァダッタに共感することは、さほど難しくはない。他者の偉大さを目にして、嫉妬を感じたことがない人などいるだろうか？　特に自分の親族や親しい友人が何かに卓越しているときに嫉妬を感じたことのない人などいるだろうか？　自分が手に入れていない幸運すべてを手に入れたように見えるきょうだいや友人に対して、内側の戦いを繰り広げたことがない人がいるだろうか？

これがノーバディ・ステートの抱える不幸のパワーであり、それを過小評価してはいけない理由だ。ノーバディ・ステートがあなたをひきずり下ろしていく引力は非常に強く、抗い難い。そのような状態《ステート》からアルタ（富の探求）に向かうと、どうなるだろう。

ダルマの探求を重荷や義務として行なうべきではないのと同様に、アルタ、つまり富の獲得に対して無意識の執着を持つと、豊かさはやってこない。

アルタに向かう高次の探求は、意識的な富の創造であり、それが可能なのは美しい状態《ビューティフルステート》にあってこそだ。美しい状態《ビューティフルステート》にあると、勝ち続けることへの執着や、負けることへの不安から駆り立てられることはない。富の創造は私たちにとって戦いではなくなるのだ。

成功は、生きるか死ぬかの問題ではなくなる。達成への道のりは遊び心に満ちたものになる。そのような意識状態にあると、創造性が爆発的に高まっていく。富のほうから、私たちを探しに来るのだ。

この「つながり」のある創造的な意識状態から、私たちはより偉大な目的に目覚めていく。自分を超え、自分の生きる時代を超えて続いていくものを創り出したいと願う。すると、自分の知性、能力、才能を、単に影響力や富を拡大するためのツールとしてではなく、むしろ他者や社会状況、または自分の周りの世界を変容させる手段として見始める。

しかし、目的は持っているけれど、まだストレスや苦しみの中から出られないと感じている場合は、どうしたらいいのだろうか？

つながりという美しい状態《ビューティフルステート》から、人生の目的を追い求める

動物の生活を向上させることに寄与する会社を設立した、若い韓国人男性の話をしよう。彼は、自分がリーダーとして失敗したと感じ、鬱になり、自殺願望を抱きながらワンネスにやって来た。多くの人は、ビジネスで不幸になる原因は目的の欠如であると考えているが、彼には目的があった。テクノロジーを用いて動物たちの生活を改善したいと考え続け、大学在学中に技術開発をしてこの分野のパイオニアになっていた。

自分の不幸は目的を果たせなかったことから生じると考える人もいる。しかし、この男性の会社は成功し成長していた。自分の不幸は企業内に悪しき慣習として残るヒエラルキーのせいだと思う人もいる。しかし、彼はそのような経験もなかった。では、彼の苦悩の原因は何だったのだろう。目的に沿って成長するビジネスを展開しているにもかかわらず、なぜ彼は失敗したと感じていたのだろうか。

ワンネスでの内側の旅に深く入っていくにつれて、彼は自分の置かれた状況についてさらに詳しく話してくれた。実は、過去五年間で100人近くの従業員が退職を申し出たと彼は言った。

何度も説得して従業員たちを会社に引き留めたが、これ以上抑え続けられる確信が持てなくなっていた。彼は疲れ切っていた。抑え続け、インセンティブを与え続け、説得し続けることにうんざりしていたのだ。

ワンネスでのスピリチュアルな旅路の中で、自分の疲労は仕事のせいではなく、内側の状態が原因であることに彼は気づいた。彼の内側は、ランニングマシーンに乗って走り始めたまま、降りられなくなっている人のようだった。

彼は常に、父親に対して自己価値を証明しようとしてきた。会社では、新しく入社した高学歴の役員たちから劣っていると思われないようにした。あらゆる会議で、取締役たちの尊敬を得ようとした。

自分の達成がすべて、他人の期待に沿えなくなる恐れから突き動かされてきたことに彼は気づいた。彼はつながりを絶った、孤立した人間であり、実際には従業員たちを尊重していなかった。従業員たちとの関係は、単なる取引となっていた。

内側に向かうにつれて、この男性は、自分の成長と成功を支えてくれたすべての従業員への感謝の意識状態に目覚めた。そしてようやく、従業員たちのフラストレーションや不満は、自分が考えるべき大切なことだと思えるようになった。

変容の旅から九カ月後、会社内の雰囲気がすでに変化していると彼から連絡があった。彼は組織全体が少しずつ素晴らしい調和のスペースへと向かうのを助け、導いたのだ。

この話が明らかにするように、強い目的意識でさえ、ストレスの多い状態によって損なわれることがある。あなたの仕事やキャリア、ゴールがストレスに満ちた状態から突き動かされると、あなたの仕事は破壊的な無意識の戦場となる。一方、美しい状態《ビューティフルステート》からインスパイアされて仕事に取り組むと、その仕事は宇宙知性のプレゼンス（存在）の遊び場になる。

あなたの意識状態は、自分が選択した方向に向けて荷車を引いている馬のようなものだ。この場合の荷車は、あなたの仕事、キャリア、職場での人間関係、または組織のエコシステム全体に与える影響などだ。あなたの内側の状態が道を先導し、あなたの人生がそれに従っていく。

あなたはどこへ向かうのか？

いくつかの重要な質問について考えてみよう。

あなたはどこへ向かっているのだろうか？　そして何があなたをそこに導いているのだろうか？　あなたはどのような状態からチームを率いているだろうか？　あなたの部下はどのような状態から仕事をしているだろうか？　毎日、会社に行きながら、あなたの会社の文化がどうあってほしいと願っているだろうか？　ストレスに満ちた状態だろうか、それとも美しい状態《ビューティフルステート》だろうか？　つながりの状態だろうか、それともつながりのない状態だろうか？

ここで立ち止まりましょう。

あなたはこの旅の中で、ずいぶん遠くまで来ました。
それは、とても素晴らしいことです。
では、もう一度、深く入っていきましょう。
ゆっくりと呼吸をしてください。

いくつか質問をします。
今、あなたの仕事での決断や選択の原動力となっているのは何ですか？

あなたは不安な気持ちに従っていますか？
仕事は単に生き延びるための手段ですか？
まとまったお金があったら、今すぐにでも仕事を辞めますか？

あなたは自分のフラストレーションや怒りに従っていますか？

あなたの仕事は、あなた自身、あなたのパートナー、あなたの親、あなたのきょうだい、あなたの敵、あなたのサポーターに対して、自己価値を表明するための手段になっていますか？

あなたは自分の退屈な気持ちに従っていますか？

仕事は単に退屈からの逃避でしょうか？　時間つぶしの手段でしょうか？

あなたはどのような気持ちに従っていますか？

抵抗することなく、自分の内なる真実を見てください。

そうすれば、前進する道が明らかになるでしょう。


この瞑想によって、何が明らかになったろうか？　あなたは自分の喜びや感謝、慈愛に従っているのだろうか？　それとも、恐れや不安によって豊かさへの道を乗っ取られているのだろうか？

富の意識に目覚めると、富の創造のプロセスすべてを楽しむようになる。自分の貢献が他者の人生に与えるインパクトを認識できるようになる。他者の仕事や貢献があなたに与えるインパクトにも気づけるようになる。そのインパクトについて考えるか考えないかに関わらず、実際に影響を受け取る。

このパワフルな真実を反映している話をシェアしよう。ある日、1人の男性が車を運転していた。彼はいつもと同じ曲がりくねった道を通っていたが、その日は道路に転がってきた大きな岩にぶつかってしまった。車はスピンして道路から外れ、大破して、彼は亡くなった。

しかし、物語はそこで終わらない。現代医科学の奇跡のおかげで、ＩＣＵ（救急医療）が彼を蘇生させたのだ。そして目覚めた瞬間、彼は完全に別人になっていた。

何が起きたのだろう？

蘇生される前の数分間、彼は自分の人生全体が目の前で繰り広げられるのを見ていた。唯一の違いは、すべてを外側から見ていたことだ。これまで出会ったすべての生き物の視点から見ていたのだ。

彼は自分が棒でヤギを叩いている小さな子供であるのを見た。ただし、今回はヤギが経験したのと同じショックと痛みを体験した。彼は自分が学校で他の子供たちをいじめているのを見たが、今回は他の子供たちの屈辱と恐怖を感じた。自分の人生全体がまるで映画のように目の前で繰り広げられ、大抵の場合は自分が悪役として登場しているのを見たとき、大きな悲しみが彼を包み込んだ。

「私と他人の間には常に壁があった。その壁は、自分だった」と、彼は気づいたのだ。彼は自分の無益な人生を振り返り、苦しみの状態に陥《おちい》った。

すると今度は、別の記憶が目の前に現れた。それは車のコントロールを失って事故を起こしたのと同じ岩場の道を、毎朝のように通勤していたときのことだった。亀が道路を渡ろうとしていたのだ。誰かが介入しなければ、猛スピードで走る車に亀が轢き殺されてしまうことを彼は知っていた。だから彼は車を停めて亀を拾い上げ、亀が向かおうとしていた場所まで運んでやってから車に戻り、また運転を続けた。

昏睡状態で横たわっている間にこの記憶が目の前に現れたとき、彼は自分がこの小さな親切行為をしているのを見ていただけではなかった。彼は亀になって運ばれ、大切にされ、安全な場所に移されたのだ。その瞬間、彼のハートは愛の体験へと開かれた。彼はすべての生命と深くつながっていると感じた。お互いを傷つけるたびに、生命のつながり全体を傷つけていることに気づいた。私たちがお互いを愛し、大切にするたびに、生命のつながりを育んでいることにも気づいた。

この気づきの瞬間、彼は自分の体の中に戻ってきた。自分には新しい人生が待っていて、世界に伝えるべき体験があるとすぐに理解したのだ。

ワンネスを訪れる人々が体験する意識の変容は、それぞれユニークなものだ。ただ多くの生徒たちが、この男性の臨死体験での気づきと驚くほどよく似た洞察や気づきを私たちにシェアしてくれる。

拡大した意識状態を直接体験した人は、世界に対する認識全体が変容することがよくある。人生で初めて、彼らは自分たちの人生だけでなく、自分たちの行動の波及効果《リップルエフェクト》、そして人類すべてを支え持続させている豊かな生命のつながりについて、はるかに広範な理解を与えられるのだ。

相互のつながりへ目覚める

私たちは相互につながり合う世界に生きている。だから、一人ひとりがどう行動するかは重要だ。あなたと私が快適な一日を経験するために、何百万もの人々の長年にわたる努力や能力が必要だ。何百万人もの人々のたゆまぬ努力がなければ、あなたも私も、たった一回でも美味しい食事を楽しむことはできない。そして私たち一人ひとりこそが、この世界を生かしている何百万人ものうちの一人だ。

毎朝、家から仕事に出かけるとき、私たちは実は「調和のとれた世界をつくる」という使命を果たしに行っている。パソコンに何かを入力するたびに、特別設計された作業着を着て危険な実験を行なうたびに、新しいビジネスチャンスについて考えるたびに、教科書の63ページを開いて生徒たちに詩を読むたびに、搭乗した三百人の乗員乗客全員を安全に目的地まで運ぶたびに、そして、その他の無数の仕事に従事するたびに、実は世界の調和を保つことをサポートし、この美しい地球の持続可能性と調和にとってかけがえのない存在となっているのだ。

この相互につながり合う意識状態に目覚めると、効率性が大幅に上がる。個人レベルでの素晴らしい成功を祝うこともできるし、組織の全メンバーの成功や世界に対して自分が行なう貢献も楽しむことができる。

ワンネスの生徒の一人は、高級美容サロンのヘアスタイリストだった。彼女は一日の終わりにしばしば気分が落ち込み、すべてが無意味だという感覚を感じていた。如才のない語り口で顧客を楽しませてはいたが、空虚感を感じていた。なぜ、日々のカラーリングやヘアカットの仕事を同じことの繰り返しだと感じていたのだろう?

ワンネスでのプロセスに参加した後、彼女は深い愛の状態に目覚めた。その結果、彼女の仕事の体験は完全に変容した。彼女は今、顧客の内側の状態とつながっている。働くシングルマザーが髪を切った後に何日も感じる喜びの状態がわかる。10代の若者が、新しい髪型で大学の入学式を迎えるときの自信がわかる。彼女はそうやって、自分の顧客と深くつながる。生活費を稼ぐためのキャリアとして始まったものが、今では人々にインパクトを与える意識的な愛の行為になったのだ。

しかし、彼女はそこで止まらなかった。実際、彼女は単なるスタイリストという役割を超えていきたいと考えていた。彼女の不満の一部は、彼女がもっと拡大していくための目覚まし時計だったのだ。これまでの経験は、オリジナルの〝地球に優しいヘアケア製品〟のラインナップを立ち上げるために必要な勇気をたっぷりと彼女に与えた。

私たちが意識的に富を創造する道を探求するとき、一緒に働く人々や、仕事を通じて自分が影響を与える人々への愛に目覚めていく。

私たちのハートは目覚めなければならない。

なぜなら、もし私たちが他者の気持ちを大切にできないなら、彼らと肩を並べて共に働きつつも、根本では孤独を感じ、ストレスに満ちた状態から抜け出せない。私たちが他者とのつながりを感じたときにのみ、安心感や居場所があるという感覚、そして大切にされているという感覚を体験する。

おそらくあなたはまだ、つながりの状態について、そこまで期待していいのかと疑問に思っているだろう。そう思うのは、あなた一人ではない。

「なぜ他人とつながることが重要なのですか？」。ある人がワンネスで学び始めた初日に、私たちにこの質問を投げかけた。その人、スコットは若き成功者だった。32歳の彼はすでに組織内で幹部管理職に昇進していたのだ。

彼は自分のことを、自らの力だけで全てを成し遂げた人間だと思っていた。「僕は、このテーブルにもつながれます。お気に入りの車にもつながれます。個人的なスキルと能力にもつながれます」と、彼は続けた。「でも、いつ変化するかわからない人間に、なぜ頼らなければならないのですか？　僕は自分だけが頼りです。あとは、自分の可能性と、自分が愛するものだけに頼ればいい」。

その日の午後、彼は人生に迷いを感じてワンネスに来たと話し始めた。ほとんど毎朝、彼は三つの疑問を抱いて目を覚ましていた。一つ目は、この組織に自分のエネルギーと創造性を注ぎ続ける意味は何だろう？　二つ目は、なぜ自分は今していることすべてをやっているのだろう？三つ目は、そもそも、誰のためにやっているのだろう？　自分が長い時間をかけて育ててきたチームは、もう自分を必要としていないのに……というものだった。

スコットはワンネスで自分の内側へと旅しながら、長年の心の傷が自分をあらゆるものに対してすぐに反発する人間にしてきたことに気づいた。彼は、いかに自分が人々への失望感にとらわれているか、それを相手とのつながりを絶つ方法にしてきたかを見た。彼は、残りの人生もずっと、つながりを絶った人間でいたいのだろうか？

スコットは自分の怒りや失望感を手放す選択をした。その後、彼の中で、自分と自分の人生に対する認識が変わり始めた。彼はもはや自分のことを、自らの力だけで成功した人間とは思わなくなった。彼は、自分の成功の陰で様々な役割を果たしてくれた多くの人々について考え始めた。そして、自分のチームが大小に関わらずあらゆる形で自分をサポートしてくれていたことを振り返り始めた。意識が拡大するにつれて、自分のチームや組織がもっと幸せになることを強く願う想いが彼の中に根付くのを感じた。

スコットがワンネスでのプログラムを修了してから六カ月後、彼は目的を再発見したと報告してきた。「今では仕事に行って成長することが喜びです」と彼は言った。「まるで脳が創造のスペースに入ったようです。僕の周りにはシンクロニシティがたくさんあふれています」。

もし、あなたが目的意識の喪失を感じているのなら、それはつながりの喪失である可能性が非常に高い。ハートフェルト・コネクション（ハートから感じられるつながり）の状態に目覚めると、必然的に素晴らしい目的意識に目覚める。あなたは、真の協調とはどういうことかを理解する。

このようなハートフェルト・コネクションが組織に必要なのはなぜだろうか？　そして、リーダーはどのようにしてそのようなつながりを育むことができるのだろうか？

ハートフェルト・コネクションとは、単に誰かと共に何かを行なう態度やその活動ではない。それは、自分の幸福が他者の幸福と切り離せないものであることを認識している意識状態だ。この状態にあると、周りの人々の喜びと幸福を高めたいという自然な衝動が起きてくる。

前述のスコットよりも長くビジネスをしている人々の中には、「なぜ今更そんなふうに変わらなければいけないのか？　そんなこと、本当に必要なのか？」と疑問に思う人もいるかもしれない。

プリタジと私が導くプログラムでは、これまでにあらゆるレベルの〝組織〟の内部構造を見る機会があった。夫婦や家族、中小企業や公的／私的機関、大規模な多国籍企業から市民活動団体、そして国家まで、様々だった。そして、私たち自身もリーダーとして、革新的でインテリジェンスを持つシステム作りに価値を置いている。

しかし、どのようなシステムを作り、どのようなルールを施行したとしても、システムを構成する個人の意識に限界があると、どんなビジョンにも到達することはできない。自己執着する意識は最も効率的なシステムでさえ破壊してしまう。だからこそ、世界に対して並外れたインパクトを与えたいと願うリーダーは、自己変容にフォーカスすることが必須なのだ。

そして、ワンネスの生徒の中でも組織内で幹部の地位にある多くの人々が共有してくれているように、リーダーが自分の意識変容にコミットすると、組織を構成する人々はその後に続いていく。何らかの新しいマネジメント手法に関するコンプライアンス（法令遵守）を強制することとはまったく違うのだ。真に意識的な組織をクリエイトする行為は、あなたというリーダーの〝在り方〟（being）にかかっている。つまり、リーダーが苦しみの状態を解消できるということ。そこから決断力を持って行動し、組織内全員の幸福につながりたいと願い、より大きな世界に対して有益なインパクトを与えたいと意図することだ。

多くのリーダーたちは地球のために自分が何をしたいかを語るが、自分がどういう〝在り方〟でいたいかという内側の意識状態についてはほとんど語らない。しかし、分断からワンネスへ、分離からつながりへ、苦しみから美しい状態《ビューティフルステート》へという意識の根本的な変革がなければ、人類の未来に対する明確なビジョンをどうやって設定できるだろうか？　意識の根本的変革がなければ、すべての計画、決定、変化は表面的なものになる。それらは真の成果を生まず、やがて来る新たな葛藤の中で崩壊してしまう。

常に、覚えておいてほしい。まず意識状態《ステート》だ。そこから決定と行動に向かうのだ。私たちは人類の歴史において、重要な地点にいる。私たちの集合的進化を次のレベルに進めるのか、自分自身や他の生命体を破壊と絶滅に導くかの瀬戸際にいるのだ。

どちらに向かうかは、私たち一人ひとり次第だ。私たちの手の内に、そのパワーはある。未来の世代と地球上の多くの生命体の運命は、私たちの意識の進化にかかっている。あなたは、苦しみや分離、孤立へと意識を退化させたいだろうか？　それとも意識的に美しい状態《ビューティフルステート》へと進化したいだろうか？

あなたは、どちらに行きたいだろうか？

意識的な創造者になるためのソウルシンク瞑想

意識的な創造者になるための、ソウルシンク瞑想へようこそ。

あなたの願いが、喜びに満ちた有意義な仕事を見つけることであろうと、すでに行なっている仕事のインパクトを高めることであろうと、あなた自身や愛する人のため、またはあなたが目指す目標のために大きな豊かさを実現することであろうと、ソウルシンクを行なうことは意識的な富の創造者という役割に向けて自信を持って踏み出すことに役立ちます。

では、始めましょう。

快適な姿勢で椅子やクッションの上にお座りください。

そっと目を閉じましょう。

手のひらを天井に向けて、太ももの上に置き、親指で他の指にふれながら呼吸を数えます。人差し指から始めて、中指というようにして、8回数えましょう。子供と一緒に瞑想している場合は、カウントを4に短縮しても良いでしょう。

【第1ステップ】

8回深く息を吸い、ゆっくりと吐くことから始めてください。

1つの呼吸から次の呼吸に移るときに、指で数をかぞえましょう。

雑念が湧いてくるのは自然なことです。注意がそれてしまったら、また呼吸に戻り、数え続けてください。

【第2ステップ】

深く息を吸い、息を吐きながらハチの羽音のようなハミングの音を出しましょう。息が楽に続けられるまで、ハミングの音を出しながら音に集中していくと、くつろぎが深まっていきます。これを8回行ないます。

【第3ステップ】

今度は、8回呼吸をしながら、吸う息と吐く息の間の小休止を観察しましょう。息を吸って、息を吐くと、吸う息の後、吐く息が始まる直前に自然に生じる、ほんのわずかな小休止があります。この小休止を観察しましょう。無理に、息を止めようとはしないでください。

【第4ステップ】

穏やかな状態から、拡大意識の状態へと入っていきます。次の8回の呼吸では、息を吸って、息を吐きながら、心の中で「アーハム（Ah-hum）」または「私はある（I AM）」と唱えます。

【第5ステップ】

あなたの体、周りのすべての物やすべての人々が、光の中へと拡大していくことをイメージし、それを感じましょう。

この意識状態において、分離や分断はありません。

このフィールドでは、思考と物質は一つです。

すべての形が一つの光の海に溶けていくと想像してください。

願いと現実は一つです。


【第6ステップ】

静かなる勇気という美しい状態《ビューティフルステート》を体験している自分をイメージする、又はそれを感じましょう。


自分が、深い情熱の感覚と共に生き、自分の周りの人々の人生をより良いものにしているとイメージしましょう。あなたの人生に、豊かさがたっぷりと流れてくるのを感じましょう。

これがあなたやあなたの愛する人、そして世界にとって何を意味するかをイメージしてください。


あなたは今、4つの神聖な鍵を受け取り、4つの人生の旅を完了しました。

私たち二人は、あなたがあらゆる形の制限から解放され、真に悟った存在となっていくまで、あなたの人生の旅をサポートしたいと願っています。

あなたの旅を続けてください。そして美しい状態《ビューティフルステート》で、またお会いしましょう。
あなたが美しい人生を送り、美しい惑星に貢献し続けますように。

エピローグ

シュリ・クリシュナジへの質問

質問
あなたにとって、幸福や富とは何ですか？

回答
私とプリタジにとって、成功や愛情に満ちた関係性、達成や名声というものだけが全てではありません。かといって、壮大な意識状態だけあれば何もいらないというわけでもありません。どちらかが極端になると、人生のバランスが崩れます。美しい人生を作るのは、この二つの統合なのです。

ユーモアのある言い方をすれば、こんなふうになるでしょう。「あなたは仏陀になりなさい。ただし、愛する人と一緒にいて、環境に優しいベンツに乗った仏陀です」。

これは完全《トータル》な人生を要約しています。

私たち皆が贅沢すべきだという意味ではありません。むしろ美しい意識状態《ビューティフルステート》で生きることを学び、その意識のパワーにアクセスしながら自分自身や愛する人たち、そして周りの世界に繁栄と愛を生み出すことができるという意味です。

本書『4つの神聖な鍵』は、この壮大なビジョンに向けた第一歩となる本です。この本に書かれた教えによって、意識的な富の創造者、目覚めた親、ハートが満たされたパートナー、そして変容した意識状態から生きて機能する、喜びに満ちた個人などの出現につながると信じています。

個人的に言えば、プリタジと私は娘のロカーと共に豊かで充実した関係性を築いています。私たちは両親と義父母を大切にし、尊敬しています。私たちは、弟子たちとワンネスを訪れるたくさんの生徒たちをメンターする仕事を愛しています。これらの関係性を含めて様々な豊かさを得ているのは、何らかの理想像や価値観を掲げているからではなく、私たちがワンネスの意識状態を生きているからなのです。私たち2人の意識の中に、苦しみは根をはることがないのです。

私たちのそばには、素晴らしいチームと信頼できるビジネスパートナー、CEOたちがいて、ビジネス運営だけでなく、人類の意識を変容させるという使命の追求をサポートしてくれています。そして多くのシンクロニシティをもたらしてくれたという意味で、宇宙は常に慈悲深い存在として共にあり続けてくれました。これらのすべてが可能だったのは、何らかの秘密の経営原則に従っているからではなく、私たちの意識状態の結果です。

『4つの神聖な鍵』の目的は、内側での豊かな意識状態と外側での豊かな人生を結び付けることです。私たちは、この完全な人生をすべての人が体験できるようにしたいのです。

質問

ワンネスでは何を学べるのですか？

回答

私たちのワンネスは、世界的な意識のムーブメントであり、現在、世界中で何百万人もの人々が体験し、「分離、分断、ストレス」という状態《ステート》から「平和、つながり、ワンネス」という状態《ステート》へ向かっています。私たちのビジョンは、世界の人口の0.001%を〝慈悲深い悟った存在〟にすることです。それは、いかなる状況においても揺らぐことのない穏やかな状態で生きる存在です。人類とのワンネス、万物とのワンネスを体験できる存在です。これらは理想ではなく、現実として起きつつあります。

現在、インドにある悟りのワールド・センター「エーカム」と、スウェーデンにある「ワンネス・ノルディック」において、様々な国から訪れるあらゆる年齢層の人々を対象に、それぞれの言語でプログラムを提供しています。ワンネスでは各人ごとの学びのレベルを網羅するカリキュラムを用意しており、生徒たちの目覚めを促すために人生を捧げている講師（ダーサ）たちがいます。

これらの内なる旅路の大半は、プリタジか私のどちらかが導いています。また、世界中にトレーニングを受けた数千人のワンネスのボランティアがおり、短期間の瞑想体験や週末リトリートを提供しています。

最近では、多くの方が最初にSNSでワンネスと出会い、オンラインで「マニフェスト」などのプログラムを受講することも増えています。この「マニフェスト」は、プリタジが毎月導いている3時間ほどの神秘のプロセスであり、個人、家族、様々な組織を、意識の中にある未知の可能性へと導き、健康、愛、勇気、平静、効率性、そしてハートの癒しへと開くものです。あなたが誰でも、世界のどこにいても、この「マニフェスト」に参加できます。

さらに、プリタジは世界の主要都市を訪れ、シーカー（探求者）たちを人生の永続的な変化に導く4日間のスピリチュアルな旅「フィールド・オブ・アウェイクニング」（FOA）を提供しています。参加者たちはこの4日間でパワフルな目覚めの意識状態に入ります。その意識状態のパワーにアクセスすることで人生の課題を克服する方法を学ぶのです。ほとんどの参加者にとって、これは通常の思考を超えた最初の体験になります。

＊＊＊最新情報および日本で開催されるイベントについては323ページ、または以下のサイトを見てください。

英語 http://www.ekam.org

日本語 http://onenessjapan.org

質問

なぜ、人々はワンネスで学びたいと思うのでしょうか？

回答

インドの古代の賢者は、私たちが皆 ”ドヴィジャス“（Dwijas）になるようにと勧めました。それは「二度生まれる者」という意味であり、変容した意識を持つ目覚めた個人です。つまり、人生が差し出してくる制限された条件付けから自分を解放し、無限の可能性を持つ意識に目覚める人でありなさい、ということです。

そのような目覚めは誰にでも訪れるのでしょうか？　もちろんです。あらゆる古代文明は、深遠な霊性（スピリチュアル）の旅について語っています。その多くは冒険で得られた奥義をシンボルや神話、神聖な芸術、建築として後世に残してきました。

トロイ陥落後にイタケーに帰還したオデュッセウス（ギリシャ神話）、クジラの腹の奥深くに潜ったヨナ（旧約聖書）、戦場を前にしたアルジュナの信仰の危機（バガヴァッドギータ）、真っ暗な洞窟に入った蛇が太陽の光の中に龍（ドラゴン）として現れる中国の神話などについて少し考えてみてください。このような物語は単なる娯楽ではないのです。それは変容を象徴するものであり、その中にはパワフルな叡智が秘められているのです。

こうした通過儀礼は、様々な文化の中で進化の鍵とされてきました。しかし人々は、こうした厳しい試練によって訪れる、変容を促《うなが》して癒しを与えるパワーとのつながりを失ってしまいました。突然の大惨事が起きたり、親の死や愛する人との別離、夢が徐々に崩れ去ることなどによって人生がゆっくりと苦い失望に変わったりすると、私たちは太古の昔から人類が耐えてきたのと同じ苦しみを体験します。しかし現代社会は驚くべき技術の進歩にもかかわらず、この危機的状況から出るための必要なツールを私たちに与えていません。そのツールとは壮大な意識状態であり、私たちの人生の次の章に必要なものなのです。

ワンネスで提供しているプロセスは、人々が人生の各段階をより調和に満ちた形で進み、誰もが持っている深い変容の可能性に目覚めるようにデザインされています。私たちがワンネス全体で教え、人々を導いているカリキュラムは、これまで人生に無力感を感じて運命の輪をランダムに回転させていた人々を、そこから抜け出し、自分自身のために新しい運命を創造できる個人に変えていきます。私たちが分かち合っている様々な実践技法は、参加者が自分の人生、人間関係、習慣を新たな視点で見るのに役立ちます。

ワンネスの扉を開いて以来、私たちは何十万人もの人々が人生の根源的な疑問に答えるだけでなく、ほんの一握りの人しか考えられなかったような新しい人生を送れるようサポートしてきました。私たちは、8歳から87歳の生徒まで教えてきました。日本や韓国、アメリカ大陸、ヨーロッパなど、人々はあらゆる場所から学びにきています。

実現したい夢を持っている人もいれば、手放したい辛い経験を持っている人もいます。「自分や他人を本当に愛するとはどういうことか？」、「真に生きるとはどういうことか？」、「この宇宙には意識があるか？」、「私には自分の未来を変える力があるか？」という大きな疑問に取り組んでいる人もいます。

また、大きな決断に向き合っている人もいます。「パートナーとの関係を続けるべきか、それとも別れるべきか？」、「新しい街に移転すべきか？」、「安定を得られないかもしれないが、チャンスや喜びを求めたい。今の仕事を辞めるべきか？」。

さらに、苦しみや分離感という幻想から完全に自由になることを目指している探求者たちもいます。宇宙知性やディバインを直接体験したいと願って私たちのところにやって来る探求者たちもいます。

人々は様々な理由でワンネスを訪れますが、彼らは皆、自分の通常の理解を超えた何かを得たいと願い、自らの〝道〟を求める人たちです。そして、同じ基本的質問を様々な形で尋ねます。「私が求めている『言葉では表せないもの』は、どのように手に入れることができるでしょうか？」。

もちろん、これは私たち二人が答える質問ではありません。むしろ、探求者たちが自分で答えを見つけるのを手助けするのです。これらは、鋭い洞察やパワフルで神秘的なプロセス、シンプルな瞑想を通して、人々が歩む旅路であり、私たちはそれをサポートしています。

質問
神についてどう思いますか?

回答
神とは主観的な体験です。人によって神の定義は異なります。私たちは、探求者が神に対する認識を再発見するのを手助けします。その後は、神はその人にとって単なる概念ではなくなります。
文化背景に応じて、個人的な関係性を持てる存在として神を体験する人もいれば、愛、慈悲、パワーという宇宙知性として体験する人もいます。私たちが美しい状態《ビューティフルステート》で生きれば生きるほど、私たちの人生に流れ込む宇宙知性とのつながりが強くなります。ワンネスには、人々がこのプレゼンス（存在）に目覚めるのを助けるためにデザインされた多くのプロセスがあります。

質問
では、意識とは何でしょうか?

回答
意識はすべてです。意識ではないものは何もありません。あなたもその一部です。あなたはその中にいます。あなたがそれなのです。意識は、論理的に理解できるものと神秘の領域に属するものの両方です。意識とは物質であり、その物質に対するあなたの体験です。

奇妙な話に聞こえたら申し訳ありません。言葉では、このように神秘に属するものをうまく説明することができません。しかし、このように表現してみましょう。

太陽が昇ることが、意識の物理的側面とするなら、その美しさや輝き、あるいはそれらの欠如は、意識の体験的側面です。生まれたばかりの赤ちゃんが意識の物理的側面だとしましょう。赤ちゃんを抱いたときの愛の感覚や責任感から来る一抹の恐怖は、意識の体験的側面です。

私たちが五感で体験する宇宙は意識の物理的側面であり、それに対するあなたの主観的な内部経験は、意識の体験的側面です。科学は主に意識の物理的側面の探究に関わっていますが、真のスピリチュアリティは意識の内部または体験的側面の探究や変容と関わっています。変容の根本的な本質は、ワンネスで「わたし意識」と呼ばれる自己執着の状態から「ワンネス意識」に移行することです。

質問

その「わたし意識」と「ワンネス意識」の状態について、もう少し詳しく教えていただけますか?

回答

東洋と西洋の両方の世界の古代神話を見ると、様々な戦いが描かれています。神と悪魔の戦い。光と闇の戦い。これらの物語では、神が勝つこともあれば、悪魔が勝つこともあります。時にこの戦いは天国で起こることもあれば、地上や冥界で起こることもあります。しかし、この戦いは何でしょうか？　そして、本当はどこで起きているのでしょうか？　この戦いは、実際には私たちの意識の中で起きています。

私たちにとって意識はスペクトルです（訳註　スペクトルとは多分野で使われる用語であり、わかりやすい例としては分光スペクトルとしての虹がある。色の波長の強度によって赤から紫まで分布される）。一方の端には「わたし意識」があり、もう一方の端には「ワンネス意識」があります。「わたし意識」とは、思考が執着的に自己を中心に回ることです。「私、私、私。私の心配、私の不安、私の正義、私の快楽、私の欲望…」と、固執するのです。それは自分だけにとらわれた状態です。意識のスペクトルのこの端は、不満、怒り、憎しみ、恐怖、痛み、コントロールと支配の欲求などの破壊的な意識状態の温床です。「わたし意識」は、あらゆる苦しみの状態の原動力であり、私たちの自己感覚は非常に制限されたものになります。もし、この自己感覚を円状の分布図で見ることができるなら、私たちの家族や子供、友人はその円内に存在しません。何も存在しないのです。苦しみの状態に陥《おちい》っているとき、私たちにとって本当に大切な人は誰もいません。それは非常に狭く限られた存在の在り方で、苦痛を伴うものです。この状態にあるとすべてが収縮します。私たちの創造性は枯渇し、能力は衰え、富は減少し、人間関係は脆《もろ》くなります。私たちはまるで宇宙が自分に敵対しているように感じます。「わたし意識」にあると、無意識かつ衝動的に行動し、自分や他人を苦痛と喪失に導きます。

「わたし意識」から「ワンネス意識」へ向けて大きな飛躍を遂げたとき、人生の完全な変容と意識の真の変革が起こります。「ワンネス意識」を簡単に理解するなら、それは私たち自身と万物との深いつながりを体験することです。私たちの自己感覚の中には、自分と他者、自分と自然、自分と地球、そして宇宙そのものが含まれます。「ワンネス意識」にあると、自己感覚が次第に広がり、外側に境界線がなくなるまで拡大します。私たちは無限で永遠の存在になります。「ワンネス意識」は一つだけの特定の状態《ステート》ではありません。それは拡大された意識状態です。そのような状態にあると、周囲に素晴らしい調和とパワーのエネルギーフィールドを作り、それはあなたの人生に素晴らしい偶然の一致と魔法を引き寄せます。人生に現れる試練を克服する知性を生み出します。どんな心の傷も癒すことができる愛を生み出します。想像をはるかに超えて多くの人々をサポートできる富を生み出します。「わたし意識」から離れ、「ワンネス意識」の様々な領域へ移行していく旅路は、私たちが〝目覚め〟、または〝悟り〟と呼んでいるものです。

質問
悟りとは何ですか？

回答
意識の進化の旅路は、覚醒、エンライトメント、禅、目覚め、ニルヴァーナ、涅槃、ムクティ、自己覚知や自己実現など、様々な名前で呼ばれてきました。理解を容易にするために、まず「目覚め」という言葉について説明しましょう。

あらゆる苦しみの状態は、自分の存在自体の無意味感や、恐れや怒り、悲しみなど、まるで起きている最中に体験する恐ろしい悪夢のようなものです。

実際に悪夢から目覚めたときのことを覚えていますか？　自分が耐えていたのは悪夢であり、現実ではなかったと気づくには、少し時間がかかります。ようやく目覚めると、大きな安堵を覚えます。

私たち人間が抱えている最大の悪夢は、「分離感という幻想」です。私たちがお互いに分離していると信じているのです。壮大な生命の流れから分離していると信じているのです。万物の中に流れる偉大な知性と分離していると信じているのです。

あなたが悟ると、この幻想から目覚めます。あなたは、存在すべてが一つであることに気づきます。それは何一つ分離などしていない、非二元なのです。あなたは、自分が星であり、ヒトデであり、クォーク（素粒子）であり、隣人であり、敵であり、亡くなった祖先であることに気づきます。あなたは自分が手に持っているこの本であることに気づきます。あなたは私であり、私はあなたであり、存在するものはすべてワンネスなのです。

古代の賢者たちは、すべての苦しみの状態と分離に駆られた意識の状態を白昼夢と呼び、そこから目覚める必要があるとしていました。完全に目覚めると、私たちは気づきを得た喜びで微笑みます。そしてその道の中で、ワンネス意識の中に前進を続ける三つの側面に目覚めていきます。最初が美しい状態《ビューティフルステート》、そして超越状態、最終的には悟った意識状態（エンライトメント）です。

質問

この本では、「美しい状態《ビューティフルステート》」についてのみ言及されていました。今、あなたが言った「美しい状態《ビューティフルステート》」の次の二つの状態とは何ですか？　意識状態には、苦しみの状態と美しい状態《ビューティフルステート》だけがあるのではないのですか？

回答

私たちが生きている状態は、苦しみの状態か、苦しみのない状態かの二つだけであるというのは本当です。第3の状態はありません。

まず苦しみを観察すると、それはちょっとした不快感から始まっているでしょう。例えば、退屈やイライラ、無関心、緊張といったものです。さらに苦しみが強くなると、不満、怒り、恐れ、不安、悲しみ、孤独感といった状態になり、やがて雪だるま式に膨れ上がって、存在自体の無意味感や絶望感、鬱、憎悪、絶望といった強迫観念のような状態になります。

一方で、苦しみのない状態もスペクトルのように幅があります。私たちは、それらの主な体験の側面を、三つのカテゴリーで分類しています。それが美しい状態《ビューティフルステート》、超越状態、悟った意識状態（エンライトンメント）です。

あなたが意識の側面のどこにいるかによって、あなたの人生の体験は異なります。意識は果てしない海岸線を持つ海のようなものです。この本では、美しい状態《ビューティフルステート》という1つの海岸線について話すことにしたのです。

それでは、ここで前述の3つの側面について簡単にお話ししましょう。

美しい意識状態《ビューティフルステート》は、感情が極端に高ぶった「ハイ」の状態ではありません。それは、あなたの内側で葛藤する思考の雑音《ノイズ》がないことを特徴とする意識状態です。美しい状態《ビューティフルステート》にあると、あなたは自分自身と、他者と、世界との間に素晴らしいつながりの感覚を体験します。あなたは人生の今この瞬間に存在しています。穏やかさ、つながり、愛、思いやり、喜び、静けさ、愛情、感謝、勇気はすべて美しい状態《ビューティフルステート》です。

私たち一人ひとりが人生の大部分を美しい状態《ビューティフルステート》で生きることは可能です。私たちの脳、体、意識が変容するにつれ、たとえ苦しみが生じても、すぐにそれを解消して美しい状態《ビューティフルステート》に戻ることができます。

歓喜、至福、普遍的な愛、深い安らぎ、平静、恐れのない状態。これらは、一時的に訪れる超越的な意識状態です。私たちが超越状態に上昇すると、生命の動きを目撃することになります。私たちは生命と調和します。木々、地球、人間、あらゆる生命が私たちへと流れ、私たちもそれらの中に流れていることに気づきます。私たちは万物と分離して存在してはいないのです。このような超越状態は、深い瞑想とプロセスで体験される非日常の状態《ステート》です。私たちは超越状態で神秘に目覚めます。これらの状態にあると、超越的なビジョンを見たり、超感覚的な体験をしたりする人もいます。これらの強烈な変容の体験は、人生を変えるような変化をもたらすことが多くあります。

悟りの意識状態では、物質と意識、神聖なものと神聖ではないもの、あなたと他者、ディバインと人間、苦しみと快楽といった二元性からの覚醒が起こります。あなたは、すべてが1つであることに目覚めるのです。悟った状態は、人間の意識に永続的な痕跡を残すことで知られています。

そのような状態《ステート》は一瞥するだけでも、私たちの日常生活の体験自体を根本的に変化させるのではないでしょうか？

「わたし意識」で生きるのは、壁に掛かっている美しい海岸の絵を見て苦いため息をつく病人のようなものです。「わたし意識」を超えて、「ワンネス意識」の深い領域を探求するとき、私たちは深海の美しさを探検する冒険家になります。そのとき初めて、私たちは苦しみの状態の支配から解放されて、真に生きることができます。人生は遊び心に満ちるのと同時に、深遠で神聖なものになります。

地球上のすべての人間は、これらの意識領域を体験する可能性を秘めた脳を与えられているのです。私たちワンネスの使命は、人類を苦しみから目覚めさせて、これらの壮大な意識状態に導くことです。

質問

ディクシャとは何ですか？　この本の至る所に、ディクシャを受けた体験が話されていました。

回答

ディクシャは、私が11歳のときに始まり、世界中に広がった現象です。あなたが超越状態や悟りの意識状態を体験するための伝達手段であり、宇宙知性を直接体験するための媒介手段です。

もう少し説明しましょう。量子物理学の最もよく知られた難問の一つは、電子が粒子か波かというものです。電子を粒子として見ると、電子は一カ所に存在しているように見えます。電子を波として見ると、電子はあらゆる場所に存在し、その影響ははるかに広大な空間に広がります。

同様に私たち一人ひとりも、特定の記憶と特定の人生経験を持ち、一つの身体に位置する個人として見ることができます。これは、自分を粒子として見ることに少し似ています。

一方で、自分という人間を周囲の人々に影響を与える波（波動）として見ることもできます。私たちの意識は、周囲にエネルギーのフィールドを生成する方法を持っているからです。私たちは皆、この証拠を見たことがあります。例えば、ある人と一緒にいると、穏やかで楽しい気分になるけれども、怒りや憎しみがくすぶっている人と一緒にいると、不快感を経験します。私たちの意識状態に応じて、一人ひとりが周囲にフィールドを生成しているのです。

あなたが美しい状態《ビューティフルステート》、愛の状態、思いやり、喜び、静けさの状態にいるなら、あなたの周りにそのエネルギーフィールドが生成されます。このフィールドはたとえあなたが一言も発していなくても、周りの人々にインパクトを与えます。これは、あなたが肉体という一つの場所に制限された存在ではないからです。あなたは意識なのです。

プリタジと私は、非二元という最高次の悟りの状態に意のままに移行できるという能力を持っています。私たちは小さな頃から、この神聖なギフトを持っていました。古代の賢者がエーカムと呼んだ、分離のないワンネスという悟りの状態に入ることにより、壮大な意識のフィールドが私たちから生成されます。あなたが私たちのディクシャを受けると、空間を超えてインパクトを受けとれる、非常にパワフルなフィールドに入ります。そして、神経構造と神経伝達物質が影響を受け、パワフルな意識状態に目覚め、神聖さを体験します。ディクシャは努力を必要としない空間であり、ハプニング（物事が自動的に起きる）の領域です。
私たち二人が導くプログラムでは多くの人々が私たちからディクシャを受けとって深いプロセスに入り、悟りの意識状態を体験しています。また、私たちは世界中の人々にイニシエーションをして、彼らが自分の地域で願いの実現や目覚めのためのワンネス・ブレッシング／ディクシャやシッディを分かち合えるようにしています。

質問
この本の冒頭で、人々が目覚めや悟りに向かうために、壮大な建造物であるエーカムを建てた過程を話してくださいましたが、エーカムとその建築構造について少しお話しいただけますか？

回答
エーカムという言葉は、人間の肉体で体験できる最高次かつ非二元の意識状態であるワンネスを意味します。
エーカムは、以下の三つの神聖な目的のために作られた神秘的なパワーハウスであり、ワンネス・ムーブメントの心臓部です。

1　あらゆる信条や文化背景を持つ人々が宇宙知性とつながり、人生における重要な選択の際に素晴らしい直感を体験するスペース。ここはディバインのパワーが宿る場所である。

2　エーカムは非常に稀な場所に建つ。ここで瞑想すると、超感覚的エネルギーセンターがインパクトを受け、宇宙のエネルギーがその人の意識にたっぷりと入ることが知られている。私たちがクリエイトしたプロセスは、人々を悟った意識状態に導くようにデザインされたもの。人は、エーカムを訪れることによって、最高次の超越的な意識状態を体験する。

3　エーカムは古代の神秘的な建築原理に基づいて建築されており、増幅器としても機能する。何千人もの人々がエーカムで共に瞑想すると、人類の意識は平和とワンネスへと大きくシフトする可能性がある。

エーカムは、すべてのドア、すべての窓、床のすべての模様が奥義的重要性を持つ、現代の神聖建築の最も優れた例の一つです。一つひとつの詳細がすべて、地球と宇宙の神聖な癒しのエネルギーと共鳴し、それらを増幅します。エーカムの構造自体が〝現象〟です。それはあなたの意識に影響を与え、超越的な領域へと高めることができます。

エーカムで瞑想してプロセスに導かれると、パワフルなフィールドに入り、ワンネスの意識状態に導かれます。エーカムの構造もそこで行われるプロセスも、探求者たちを変容した意識状態へと導くことにより、人類全体により良いインパクトを与えるようにデザインされています。

質問

あなたは、社会や世界に素晴らしい平和が訪れることが可能だと思いますか？

回答

私たち一人ひとりにとって「平和」が何を意味するのか、少し考えてみましょう。平和という言葉に対して、多くの人々が思い浮かべるのは、スーツを着た各国首脳たちが握手しながら核兵器禁止条約を結んだり、国境を越えたテロに反対する協定に署名をしたりする姿です。これは確かに平和構築の一形態です。しかしこのイメージは、大多数の人々が世界平和の実現に関して積極的な創造をする立場にはなく、単なる傍観者であるという幻想を助長します。

しかし、私たちは本当に傍観者なのでしょうか？

もっと詳しく見てみましょう。次のいくつかの質問に正直に答えることができますか？

・人生の中で、精神的または身体的虐待を受けたことがありますか？

・人生のどこかの時点で、誰かが作った分断や分離の影響を被《こうむ》ったことがありますか？
・誰かが作り出した戦いの影響を受けたことがありますか？

親から何らかの虐待を受けたことがある人は、誰もが平和の価値を知っています。辛い離婚や別居を経験した人は、誰もが平和の価値を知っています。職場、家庭、学校で差別の被害者となった人は、誰もが平和の価値を知っています。

ですから、平和とは世界の指導者や調停者にのみ任せるべき課題ではないのです。

私たちが意識の中でつながっていることを忘れないようにしましょう。各人の意識の中で起こることは、集合意識の中で増幅され、戦争や暴力となって現実化する可能性があります。あなたが平和に目覚め、万物の平和のために瞑想することは、世界が平和に向かう鍵です。平和とは培われた美徳ではなく、意識状態です。美しい状態《ビューティフルステート》なのです。

では、内側で葛藤している状態を終わらせ、外側の世界で平和を実現するにはどうすればよいでしょうか？　自分自身や家族、コミュニティを真に変容させるにはどうすればよいのでしょうか？

まず、最も一般的なアプローチを考えてみましょう。

例えば道徳教育（価値観に基づくアプローチ）、宗教教育（信念に基づくアプローチ）または道理に訴える（相互の利益や損失を理解することにフォーカスするアプローチ）があります。ただし、これらのアプローチは調和のとれた社会をクリエイトすることにどれほどの成功を収めてきたでしょうか?

学校教育だけで紛争を解決できるでしょうか?

美徳修練だけで変革を達成できるでしょうか?

たとえ道理や美徳によって一時的な改革がなされたとしても、永続的な変容をもたらすためには、戦争や暴力の根本原因に取り組む必要があります。そしてほとんどの場合、あらゆる暴力や戦争の根底には、苦しみの状態があります。苦しみの状態にあるから、人は破壊的な発言や行動へと向かうのです

私たちの意識状態を変容させることこそが、持続する平和をつくる最も確実な方法なのです。

◉以下の質疑応答は、今回の日本語版出版に際し、日本の読者向けに特別に回答された質問です。

質問

日本についてどう思いますか? 私たちが日本人として抱えている問題は何でしょうか? それに対して、私たちはどうしたら良いのでしょうか?

回答

私はこれまでに何度も日本を訪れていますが、忘れられない光景があります。一年ほど前に来日したある夜の23時50分頃、私は散歩をしていました（訳註　クリシュナジは、一日にかなりの距離を歩く習慣があります）。ゴミ一つ落ちていない美しい日本の道路沿いの歩道で、近くには整然と流れる川がありました。すると道端に、整った身なりの男性がうずくまっているのが目に留まりました。頭を両手で抱え、疲れ果て、眠っているようにも見えました。途方に暮れて、放心しているようにも見えました。最も私の目を引いたのはその人の服装でした。上質のスーツを着て、ネクタイを締め、きちんとした靴を履き、長い一日の仕事を終えて帰宅するエリートビジネスマンのようでした。彼がどれほど落ち込んでいるのか、どれほど孤独を感じているのかが痛いほど伝わってきました。私は人生でこのような光景を見たことがありませんでした。私にとって、かなりショックな体験でした。

そのとき浮かんだ疑問を、その後で多くの日本人に聞いたのです。「あなた方にとって、これは『普通』のことなのですか？」と。何人かの人々から「それはよくある光景だ」と言われました。つまり、日本では多くの人が疲れ果てているし、鬱状態にもなっていると言うのです。

日本人は目を覚まさなければなりません。これは〝普通〟ではないのです。悲しみに居続けたり、引きこもったり、完全に途方に暮れてつながりを絶ってしまっている状態が普通とは思わないでください。

ある意味、こういった光景は、日本人の目覚めに向けて機が熟しているということかもしれません。「こんな状態は普通ではない。変えなければいけない。このままではいけない」と多くの人が目覚め、気づくべき限界値まで来ているのではないでしょうか。

また、東京の街を歩きながら私が気づいたのは、日本人が国家として素晴らしい完璧さを達成したということです。皆さんほど完璧さにフォーカスしている国はありません。それは驚くべき達成です。その素晴らしさに脱帽します。完璧さの点では、多くの国々は日本が到達したレベルに、はるか及ばないでしょう。

ただ、日本人は内側の世界に関してはすべきことがたくさんあると思います。美しい都市・東京、美しい国・日本…と、外側の世界では完璧さを達成しました。数々の素晴らしいものを持つ一方で、内側の世界を見ると、多くの若者が引きこもり、自殺や鬱、不安が増大しています。健全な社会の兆候ではありません。

これは外側の進歩と、日本人が社会としてどれだけ内なる幸福や喜びを体験しているかには関係がないということを明らかにしています。ですから、日本人は今、目覚めなければなりません。内なる喜びを見つけなければなりません。そうすれば、日本はさらに偉大になり、はるかに成功するでしょう。また、内側の世界が外側の世界と同じくらい重要であるというメッセージを世界に発信し、世界を導く光となるでしょう。

質問

この本の中で、「習慣的な自己執着から解放されるとき、私たちは他者に重きを置いた"他者中心"の意識のパワーに目覚める」と書かれていますが、この"他者中心"の意識について詳しく教えていただけますか？　日本人として私たちは常に「他人に迷惑をかけてはいけない。規則に従い、目上の人に従いなさい」と言われてきました。これは"他者中心"の意識なのでしょうか？

回答

「"他者中心"（other-centric）の意識」と私たちが言うとき、それは、つながりに目覚めているという意味です。悲しみであれ喜びであれ、他者が今何を感じているかに気づきを持つことです。相手の感情が喜びであれ、悲しみであれ、あなたはその感情を持つ相手とその瞬間を分かち合います。あなたは相手の喜びに寄り添います。相手の悲しみに寄り添ったときには、相手がそこから出られるように助けます。それが、私たちの定義するところの"他者中心"の意識です。

それは、他者に従うことでもなく、他者が自分をどう思っているかを心配することでもありません。そのようなことはすべて外側の世界に属します。私たちが話しているのは、内側の状態です。実際に、目の前の相手と、この瞬間に存在できる内側の状態なのです。

私はたくさんの日本人と会いましたが、彼らの多くが他者と共にいても、心ここにあらずでいることに気づきました。物理的にそばにいても、その瞬間に存在していないのです。

もちろん、多くの人は、自分の義務を果たそうと懸命になっているのでしょう。小さい頃から、ずっとそうするように言われてきたからです。義務という点では、確かにその場に存在していま す。しかし私は、義務を果たすことについて話しているのではありません。他者中心の意識とは、相手に寄り添うことです。相手が感じていることに対して、あら探しをすることなく、相手を感じることです。

さらに、皆さんに理解していただきたいことがあります。両親、祖父母、家族の世話をすることとは、ハートも感受性もない状態で、無味乾燥な義務として行うことはできないということです。今、多くの日本人にとって、愛とはどういうものであるべきか、他者中心であるとはどういうものであるべきかが巨大な理想像になっています。

そして残念なことに、多くの人が実際の愛の状態《ステート》になく、小さい頃から築き上げられた理想像によって、非常に大きなプレッシャーとストレスと罪悪感が生じています。多くの日本人が、自分のままでいてはいけないと感じています。自分が不完全だと感じています。これが問題を引き起こしています。

このプレッシャーは、ハートが真に目覚めていないことにも起因しています。目覚めが起きていないと、愛やつながりの感覚はありません。実際につながりに目覚めると、誰かの世話をすることや誰かと共にいることはもはや義務ではなく、理想像に従って生きることでもなくなります。思いやりを持つことは、自然な流れとして起きる行動となります。

すべてが自然の流れとして生じるべきです。家族との関係性を育むことも、思いやりを持つことも、すべてがプレッシャーやストレスではなく自然に生じなければなりません。それが、私たちが「他者中心の考え方」と言っていることです。

古来、日本社会には絶えず強化され続けてきた強い理想像があったのでしょう。それは名誉を求めること、厳格な階層のルールを守ること、自分より上の人に盲従すること、義務と責任を完璧に遂行することです。これらはおそらく、過去には問題の解決策として機能していました。

しかし今、社会がますます複雑になるにつれて、これらの理想は足かせになり、人々はますます自己執着していきます。日本社会は、他人が自分をどう思うかについてますます気にするようになっています。それはポジティブな自己イメージへの執着なのです。その結果、強い羞恥心や無能感を感じ、鬱状態に陥《おちい》るようになりました。同時に、自分の感情を表現しないように訓練されてきたのです。今や日本では、泣くトレーニングをするクラスさえあると聞いています。

あなたが他者とつながれていないことを知ってください。あなたは単に、他者が自分をどう思っているかを心配しているだけなのです。

質問

つい最近（2024年6月）日本の合計特殊出生率が過去最低を更新しました。今、子育て中の親たちは、不登校や引きこもりの増加の中で、子供をどう育てていいのか悩んでいます。同時に、多くの学校は子供同士の比較やいじめ、そして規則に従う場所となり、簡単に物事を諦めてしまう「無気力な自己」を育てるよう訓練されているかのようです。私たちは子供たちに対して何をすべきだと思いますか？

回答

学校制度全般は世界のほとんどの地域、そして日本でも、子供たちにトラウマを与えています。悲しいことですが、多くの子供たちが小さい頃から校舎という壁の中に閉じ込められ、多くのプレッシャーとストレスを与えられています。子供たちが好むと好まざるとに関わらず、先生の話をちゃんと聞いて学ぶことが期待されています。子供たちは、お互いと競争し、他の子供よりも優れた成績を取るようにプレッシャーをかけられています。

幼少期から子供たちに与えられるこのストレスは、子供たちを利己的にし、ハートのない冷酷な状態にします。彼らの無邪気さや自然な喜びは失われます。現代は、リーダー世代に思いやりや愛、優しさを見つけるのが非常に難しい状況です。これは、学校制度の根本に欠陥があるからです。

ワンネス・ムーブメントには、現代の若者たちが直面するこのような状況に対して、私たちの娘ロカーが設立したワンネス・ジェネレーションという団体があります。私たちはワンネス・ジェネレーションに叡智とスピリチュアルな技法を伝えることで、12歳から30歳までの若者を支援しています。その一環として、インドのキャンパスにはサンカルパという名称のプログラムがあり、若者たちが六カ月間滞在できるようになっています。私たちは彼らに働きかけ、彼らも私たちの財団に奉仕します。こういった形で様々な若者たちとふれ合うと、彼らが親や教師、友人との関係、またはいじめなどから深刻なトラウマを抱えていることがわかります。

10代から20代の若者たちが苦しみの状態にいるのを見るのは本当に悲しいことです。彼らは非常に低い自尊心、多くの怒り、憤りを感じています。もちろん、サンカルパで過ごす六カ月によって、彼らは大きく変容します。

ワンネス・ジェネレーションはサンカルパ以外にも様々な活動をしていますが、その運営母体はロカー・ファンデーションという、やはりこれも娘のロカーが設立した慈善団体です。ロカー・ファンデーションは社会奉仕活動も行っており、エーカム周囲の千の村を支援し、五つのワールドビレッジ・プロジェクトを行なっています。これらの村は、個人の幸福、集合的なつながりと調和、地球に優しい持続可能な村という原則に基づいてコミュニティづくりをしています。

世界中の若者たちが私たちの元に滞在しながら、これらの村を訪れます。村での様々な活動を見て、真の持続可能性とは何かについて学び、有機農業について学び、グリーンエネルギーと瞑想について学びます。若者たちはまた、村人に自分たちの持つ技術を教えます。

2024年7月の〝世界プラスチックバッグ・フリー・デイ〟には、世界中のロカー・ファンデーションのボランティアが、インドも含めそれぞれの国で海岸や川、湖、村に捨てられたプラスチックごみを清掃する活動に参加しました。これらの活動は、若い世代が成長する素晴らしい機会であり、彼らのハートが開花するのを助けます。

彼らは人々と真にふれ合います。彼らは人々を助け、人々の葛藤を目にします。彼らは貢献します。彼らはつながります。そして六カ月後に私たちが目にするのは、知性が高まり、つながりが深まった彼らの姿です。ハートが開花し、トラウマから解放され、今後のどんな困難にも立ち向かう準備ができている、まったく新しい人間たちなのです。

また、私個人がオンラインで導くＳＫＹ（Sri Krishnaji and Youth）という一年間のプログラムもあります。ＳＫＹでは、ワンネス・ジェネレーションの10代から20代の世代の人々が抱える様々な課題について、私が質問に答えます。これまでに、人間関係やお金、環境、教育、自分を愛すること、未来などのテーマで話してきました。これは毎月一時間のプログラムで、一年間を通したカリキュラムです。ＳＫＹに参加している若者たちはグループとして、素晴らしい家族のようになっています。彼らは大きな変容を体験します。人生に対する認識が変わり、家族に対する認識が変わり、学校制度に対する認識も変わります。彼らは以前より勇気があり、思いやりがあり、はるかに大きな知性を持っています。美しい状態《ビューティフルステート》から人生の試練に向き合い、楽々と対処することができます。

このようにして、ロカー・ファンデーションによって主導されるワンネス・ジェネレーション全体のビジョンは、未来を創る若者たちがストレスの多い状態で生きるのではなく、美しい状態《ビューティフルステート》で生きることです。今や多くの若者たちが楽々と美しい状態《ビューティフルステート》へと移行しています。また、彼らは世界中の若者を目覚めさせることを使命とし、お互いに美しい状態《ビューティフルステート》で生きることに情熱をかけています。自分たちが人生を楽しむためにも、そして自分たちと地球の未来の問題を解決するためにも、美しい状態《ビューティフルステート》こそが最も重要であることを理解しています。

質問

最後に、スピリチュアルとは何でしょうか？　宗教とはどう違うのですか？　日本では過去に起きた事件の影響などもあり、スピリチュアルと宗教を混同している人が多いのです。また、この本の中にはスピリチュアル・ビジョンやスピリチュアル・ライトアクションという言葉が出てきました。スピリチュアルについて、教えてください。

回答

スピリチュアルと宗教の違いですね。

私たちの捉え方では、宗教とは外側に向かう旅です。宗教の中にいると、人々の注意は外的なものに向かいます。人生を変えるために自分の外にある高次のパワーを信仰します。そして、人生で問題を抱えようと、美しいことが起ころうと、その両方の出来事をこの高次のパワーが起こしていると認識します。何が起きても高次のパワーのせいだと捉えることによって、自分自身は基本的に無力な存在だと感じます。「私には人生を変える力はない。なぜなら今の状態は高次のパワーによって運命づけられているのだから」と感じます。

私たちの考えるスピリチュアリティは、全く違います。実際、正反対と言ってもいいでしょう。スピリチュアリティとは、あなたが内側への旅に入ることです。その中で自分に働きかけ、自分を変容させ、これまでとは全く異なる視点から宇宙のパワーを真に理解する高次の状態に目覚めることです。

これだけは忘れないで欲しいのですが、あなたが宇宙知性（ディバイン）とつながることができるのは内側の状態が美しい状態《ビューティフルステート》にあるときだけです。苦しみの状態にいるときではありません。ですから、スピリチュアリティとは、あなたの状態を変容させることです。スピリチュアリティとは、苦しみの状態から解放されることによって、あなたの存在の在り方（being）を変えることなのです。スピリチュアリティとは、あなたがより素晴らしい人間になる内側の旅に向かうことです。

そして最終的に私たちのビジョンは、あなたを悟った人にすることです。あなたが悟るとき、あなたは宇宙や人類から分離しているという感覚がなくなります。スピリチュアルな旅の中で、あなたはワンネスに目覚めます。あなたは母なる地球と一つであると感じ、宇宙と一つであると感じます。それが私たちの本質だからです。

現代科学は、様々な角度から、私たちが宇宙の一部であり、宇宙と分離していないことを明確に伝えています。私たちは宇宙と一つですが、それは単なる概念ではなく、実際に物質としても一つなのです。私たちの呼吸には、古代の恐竜やマンモスの体内を通ったのと同じ呼吸の分子が流れています。私たちの血液には、かつて他の惑星を流れた水の分子が流れています。私たちの皮膚には、多くの銀河の星屑が宿っています。私たちは実際に、宇宙そのものなのです。このワンネスは、意識として体験することもできます。それは、アハムブラムアスミン、つまり「私は宇宙意識である」という悟った意識状態としての体験です。

ですから、人類が持つこの分断と分離はすべて、苦しんでいるマインド、悟っていない状態から生じています。あなたが苦しみの状態から美しい状態《ビューティフルステート》、そして悟った状態へと上昇すると、宇宙とのつながりは最もパワフルなつながりになります。そして、その状態から自分の未来を変えることができるとわかります。あなたは自分のためだけでなく、家族や組織のために素晴らしい運命を創り出すことができるのです。

あなたが政治的指導者であろうと、経営者であろうと、大統領であろうと、ＣＥＯであろうと、この社会を取り巻くエコシステムさえ変えることができるのです。あなたの中にそのパワーがあるのです。

目の前で起きているすべての問題にただ目を閉じて、「自分は無力だ」「これらはすべて神のなせる技であり、どうせ自分には何もできない」と言うとき、この依存心が宗教となります。
スピリチュアリティとは、非常にパワフルな意識状態から行動を起こし、大きな変化をもたらすことです。スピリチュアリティは、あらゆる人間にとって最大のエンパワーメントです。

○著者について

シュリ・プリタジとシュリ・クリシュナジは悟った賢者、変容を促すリーダー、そして人類の悟りというビジョンを持つワンネス・ムーブメントの共同創設者です。ワンネス・ムーブメントの中心には、悟りのワールド・センターである「EKAM（エーカム）」があります。エーカムは神秘のパワーハウスとして、そこを訪れる探究者たちを変容した意識状態へと目覚めさせていきます。

シュリ・プリタジとシュリ・クリシュナジ、そして娘のロカーは、2つの大きな慈善団体を作りました。それがワンネス・ジェネレーションとロカー・ファンデーションです。ワンネス・ジェネレーションは、目覚めた意識から生きる若いワンネス・リーダーたちを創出し、ロカー・ファンデーションは、インドのエーカムの周囲にある千の村に住む村人たちの生活を向上させ、真の持続可能性を実現する村を作るというビジョンを持っています。

シュリ・クリシュナジは哲学者であり、彼の瞑想は神聖なエネルギーのヴォルテックスを生成します。彼は、世界的に活躍するリーダーたちや世界的組織のメンターもしています。

シュリ・プリタジは神秘家であり、世界中で実践されている様々な瞑想法をクリエイトしています。彼女のTEDx Talksは数百万人から視聴されました。彼女は今、4日間のフィールド・オブ・アウェイクニング（ＦＯＡ）と呼ばれるイベントを世界の主要都市で開催し、毎年数千人が参加しています。また、神秘のプロセス「マニフェスト」（3時間のオンライン・プログラム）を毎月導いています。その教えの中で、シュリ・プリタジは現代科学と超越世界、知力とハートという二つの世界を融合させています。

ワンネス・ムーブメントに出会って人生を変えた日本のリーダーたちの声

●もう苦しみを生きないと決めた日から、全てが変化した

『インド式グルノートの秘密』著者　会社経営
佐野直樹

僕は自分の本にも書いたのですが、人生の中で最も大変な時期にワンネス・ムーブメントに出会いました。離婚直後で、会社は倒産しかけていて、スタッフはどんどん辞めていき、自分の健康状態も悪くなっていた頃です。

人生って、こんなに一度に不幸がやってくるのか？　とさえ思っていました。でも、思い切ってインドに行き、クリシュナジからディクシャを受けました。その体験は、頭をドリルでガガッと開けられるような感じでした。その直後は頭の中が真っ白になりました。そして横たわって休んでいる最中に、様々なビジョンが見えました。

僕は美容健康業界で会社を経営しています。美しいことに惹かれてこの業界に入ったはず

なのに、自分が一度も美しい状態《ビューティフルステート》で生きたことがなかったことに気づきました。内側はいつも苦しみの状態なのに、注意は外側にばかり向いていたのです。お金をたくさん稼ぐこと、いい車に乗って、いい時計をつけて、いい家に住むこと、美味しいものを食べること…と、外側ばかり追求してきましたが、全て苦しみの状態からやっていたことに気づいたのです。

そんな時期に初めてのディクシャを受けて、その時に見えたビジョンは自分の未来のことでした。自分が笑顔で生きていて、自分とつながる人たちも笑顔だった。これは本当に美しいなと思いました。

ディクシャの直後はボーッとして、夢のようだったし、体の緊張も取れたようでした。でも、単なるリラグゼーションでは終わらせたくないと心の底から思いました。日本に帰ったら、絶対に、あのビジョンを生きると決めたのです。あんな苦しみには二度と戻りたくないし、自分と関わる人全員の幸せの可能性を開きたいと思いました。

もちろん、帰国してからも問題はたくさんありました。色々な疑いが出たこともありました。でも、その度に、あのスピリチュアル・ビジョンに何度も何度も戻りました。そこからスピリチュアル・ライトアクションを行なっていきました。宇宙知性とつながることもしました。そしたら、人生が本当に変わりました。グルの元で学びを続ける旅路の中、お二人からの祝福を受けたおかげで、経済的な豊かさはもちろん、家族とのつながり、人生の目的も手に入れました。心から感謝しています。こんなに人生って変わるんだと思ったくらいです。

今は、あの時に見たビジョンが一つずつ叶う旅の途中にいるようです。
皆さんにも、このパワフルな叡智が届くのを楽しみにしています。

●自分の変容が、家族にも大きなインパクトを与えた

株式会社ドワンゴ　取締役
横澤大輔

僕は19歳の時に初めて会社を立ち上げて、過去20数年の間、経営やプロジェクトマネジメントをしてきました。でも、この本にあるように、どの意識状態からそれらをやってきたかといえば、恐怖や孤独感からくる承認欲求だったと思います。

19歳で起業する時も、皆からすごいと思われたいとか、大人たちをギャフンと言わせたいと思っていました。その後、事業がどんどん大きくなる中で、どうやったらライバルに勝てるか、誰にも支配されないためにはどうしたらいいか、という内側の状態から色々な選択をしてきました。結果として、他人から承認されないと落ち込むし、承認されると万能感が出るというパターンを繰り返し、鬱状態が強くなることもありました。

他人から見たら羨ましがられるような人生だったと思いますが、どれだけお金を使えたとしても、自分が本当に豊かだとは感じられなかった。心の中は孤独感でいっぱいでした。でも、経営者だし、男だし、人生とはそういうものだろうと自分に言い聞かせていました。

そのような中、コロナ禍で珍しく時間があった時期に、ワンネス・ムーブメントに出会いました。そして、自分が苦しみの状態しか生きてこなかったことも含めて、自分の中の見たくなかった部分をたくさん見ました。その苦しみを見ないようにして、これまで人生をやりくりしてきたわけです。

最初に受けたのはカルマの解放のプロセスだったのですが、自分の苦しみを見ていくと、怒りや恐怖の下の深いところに諦めや絶望感があることに気づきました。それを隠そうとして、人生をがむしゃらに生きてきたと気づきました。すると、驚いたことに、戦争に行った先祖のビジョンが見えました。学徒出陣したその人は、自分の人生を諦め、絶望していました。その人の感情と、自分の感情がつながっていることに気づきました。それを解放する体験が起こりました。

その後にディクシャを受けると、その先祖が笑顔で解放されるというビジョンが見えました。クリシュナジからは「今起きたことは、家族にも起きます」と言われました。

よくわからないまま、その後の休憩時間に家族に連絡すると、僕がディクシャを受けていたあの時間に、父が「何か楽しいことがしたい」と言い始めたと聞きました。実は、父こそ諦めの権化のような人だったんです。

それからの僕は、ワンネスへ留学を続けて、クリシュナジから祝福をもらう機会を度々頂くようになりました。何でもお願いして良いということだったので、今持っている資産が増えますようにと意図しました。経済的な願いなんて、悟りとは真逆だと思っていましたが、クリシュナジからは「現実的に生きていく上でお金は大切なエネルギーです」と言われました。その祝福をいただいてから1年のうちに、投資していた資産がなんと2倍になり、数億円の利益が出たのです。自分のスピリチュアルな旅路を続けている中でこのような奇跡が何回も起きています。旅路を続ける前とは比較にならないぐらいの豊かさが自分の人生に流れ込んでいるのを感じます。

ワンネス・ムーブメントと出会うまでの僕は、豊かさとは仕事から得られる名声や地位やお金だと思っていたのですが、あれから三年経ってみると家族関係が大きく変容し、パートナーとの時間や友達との時間、仕事の時間も含めて、自分の人生の豊かさに対して、全く違う価値観から見られるようになったと思います。自分も家族も変容して、一緒に大切な時間を過ごせることがこんなに豊かだと改めて気づかされました。

ワンネス・ムーブメントに出会って、どのような変容を体験するかは人それぞれですが、スピリチュアル・ビジョンを生きることから僕は大きなギフトを受け取りました。

◉ワンネスとの出会いで、苦しかった人生が180度変容した

ジュエリーデザイン&フォトグラファー、ロカー・ファンデーション・ジャパン代表
岡本睦子

スピリチュアルは私にとって関わりたく無い世界でした。それがシュリ・プリタジ、シュリ・クリシュナジとの出会いから一年半、私の人生は180度変容しました。

私がこれまでイメージしていたスピリチュアルと、ワンネスで彼らが伝えているスピリチュアルは全く違いました。理解すればする程、それは現実世界と心から向き合い、つながって生きるという、地に足がついた学びと体験でした。

お二人との出会いは衝撃的でした。私はワンネス・ムーブメントも共同創設者のお二人のことも一切知らず、インドから来日するヨガの先生に挨拶しない？　と姉から誘われて訳も分からず挨拶に伺ったのが最初の出会いでした。挨拶をした瞬間、「あなたはどこか哀しそうだ…」とクリシュナジは言いました。

それから30分間、私は人生で初めて人前で大号泣しました。それは私の内側にある苦しみを全て見透かされたようで、私が救われるのはココしかない！　と強く感じた瞬間でした。

幼いころから集団が苦手で、人混みで体調を崩し、原因不明で倒れ入院し、様々な経験か

ら対人恐怖や睡眠障害など長年悩まされ生きてきました。東洋医学、ヨガ、様々な事も試してきました。肉体の回復には東洋医学やヨガは助けになりましたが、内側の苦しみは消えず睡眠障害や対人関係に対する苦しみ、恐怖が常に私の中にありました。

それがワンネスの学びに出逢い、自分の人生に正面から向き合った結果、私は自分の苦しみの原因は全て自分自身のマインドが作り出しているということ気づき、自分自身の執着、エゴ、プライド…様々な事が作り出した幻想で、自分が過去に縛られ今を生きていないことに気付き愕然としました。

今までの私は、仕事も人と関わらずに出来ることを最優先に考え、デザインや撮影なら極力、人に関わらず生きられると、今思うと本当に世界と分離して苦しみから考えた選択肢しかしていなかったのです。それなのに作品を通して人々を苦しみから救いたいという矛盾の中で生きていました。

しかしワンネス・ムーブメントのプログラムに参加して私の人生は変わりました。人とつながることに喜びを感じ、人生に安らぎを覚え、20数年続いた睡眠障害は穏やかな安眠にかわり、ストレスに満ちていた日常は喜びと世界中の人とのつながりに溢れる毎日に変容しました。

あれだけ人との関わりを拒んでいた私が、一人でも多くの方にワンネスを通して生きる喜びや愛を感じて欲しいとワンネス・トレーナーの資格を習得しました。クリシュナジの娘ロカーが立ち上げたロカー・ファンデーションと出会い、インドの貧しい村に行き子供たちと出会い、自然や大地を感じ、分離ではなく世界とつながった写真を撮り、デザインをするようになりました。

38年間、苦しみの意識で生きていた私が僅か一年半で自分でも別人に感じる程、人生が変容し、悲しみと苦しみが喜びと愛に満ちた人生に変わった。それがワンネスです。

私がしたことはプリタジとクリシュナジの強力なディクシャを受け取り、呼吸と瞑想と考え方の学び、たったそれだけです。本の中で紹介されているソウルシンクを実践してみてください！

私はこれから、ワンネスと協力して日本の若者達に向けたワンネス・ジェネレーションの活動も行なっていく予定です。北欧のノルディックセンターでサマーキャンプのようなプログラムを行なったり、国内でも未来に悩む若者や環境に苦しみがある子たちに美しいステートを育む環境を作る計画が始動したりしています。ロカー・ファンデーションの活動と共に若者たちに地球を感じ生きる喜びを心と体で体感するプログラムです。ぜひ、子供達や世界の未来が美しいステートに変わる世界を想像してみてください！

この本を手に取った皆様の人生が喜びと愛に満ちる事を願っています。

謝辞

感謝とは、気づきの意識が拡大されたものです。それはあらゆる生命が神聖であると気づいている状態《ステート》です。人生を振り返ると、一つの体験の中に、たくさんの生命体の愛や貢献が存在していることに気づきます。

ですので、この本の出版を可能にしてくれたすべての人々の名前をお伝えするのは、到底不可能なことです。ただ、まずは米国での出版を可能にしてくれたアトリア・ブックスのチームに感謝を伝えたいと思います。

そして、この日本語版の出版を可能にしてくれたフローラル出版の津嶋栄さんに心から感謝を申し上げます。出版に際して、たくさんの努力をしてくださったＯＷＬの佐野直樹さん、翻訳をした関口香さん、そしてお二人をサポートしたチームの皆様にも感謝いたします。

最後に、本書で様々な体験を分かち合ってくださった世界中の探究者の方々に感謝します。

シュリ・プリタジ&シュリ・クリシュナジ

【付録】

世界中で開催されるワンネス・ムーブメントのイベント

主なイベントについての情報はONENESS JAPANのサイトを参考にしてください。以下は主要なものであり、情報は変化する可能性があります。また、これ以外にも様々なイベントやワークショップが開催されています。詳細はホームページや公式LINEに順次配信されています。

日本で開催されるもの

◉ FOA

フィールド・オブ・アウェイクニング（FOA）は、シュリ・プリタジが直接導く4日間の変容のプログラムです。太古から存在する叡智と最新の脳科学が統合された教えに加え、呼吸法、深い変容を促すプロセスから構成されています。参加者はこの4日間の旅を体験すると、自分の人生が様々な形で変容していることに気づきます。現在FOAは、3つの次元で構成され、日本では毎年1回1次元の開催となっています。その3つの次元とは「マインドを超えた目覚め」「純粋意識への目覚め」「無条件の愛への目覚め」です。

2025年のFOAの開催は3月を予定しています。

◉ NOA（Network of Oneness Achievers）

NOAは、2025年から国際的に開始される各界リーダーや経営者、企業内管理職、ビジネスオーナー、またはそれを目指す方向けの1年間のメンバーシッププログラムです。「ワンネスの達成者のネットワーク」という意味になりますが、カルマとダルマを深く理解することによって、参加者がさらなる達成や成功の人生へ向かうことを促します。カルマとは、人生の流れを支配する普遍的な法則のことです。これを理解することで、なぜビジネスが拡大し、縮小するのかを理解し、人生に繰り返すネガティブなパターンを打ち破ります。また、ダルマとは人生の目的のことです。あなたのダルマは何でしょうか。なぜ今のビジネスを行うのでしょうか。ダルマを理解することで、明晰な目的意識を持って、成功へと向かえるようになります。１年に２回、１週間ずつ海外でのプロセスがあり、シュリ・クリシュナジからオンラインで２回メンターされる他、２週間に一度、ダーサ（講師）によるフォローアップがあります。

◉ E2 (Experience Enlightenment：悟りを体験する)

その名の通り、悟りを体験するための、初心者の方でも参加できる1day イベントです。瞑想が全く初めての人でも参加しやすい内容となっていますので、「瞑想とは何？」「悟りとは何？」「苦しみからの解放を体験したい」という初心者の方も参加できます。

悟りという言葉は、日本人にとって馴染み深いものですが、その本当の意味を多くの人が知らずに過ごしています。悟りを開くという言葉には、僧侶になるか、山か森に籠ってたった１人で暮らしているようなイメージもあります。現代の賢者であり、悟りを開いたマスターのシュリ・プリタジとシュリ・クリシュナジは、そのような古い誤解を解いてくれるでしょう。お２人は、悟った意識から日常生活を生きることについて、世界中に伝えています。シュリ・クリシュナジはこう言います。「悟りとは、あらゆる苦しみからの解放です」。

◉ Enlightenment Party

世界の中で、日本だけで開催されているエンライトンメント・パーティーは、これまで堅苦しく捉えられがちだった悟りや意識の旅について、若い世代や初心者の方に受け入れられやすいものにしたいという意図を込めて開催される、悟りフェス（お祭り）です。2023 年末の開催時には、シュリ・プリタジとシュリ・クリシュナジのお話や深い瞑想プロセスに加えて、和太鼓の演奏、歌手・小林幸子さんのステージ、若者とシュリ・クリシュナジのパネルディスカッションなどで構成され、歌ありダンスありの楽しい時間となりました。会場にはたくさんの家族や 10 代から 20 代の若者たちの姿が多くありました。日本の悟りに大きく貢献し、未来の日本を変えるきっかけになるべく、今後さらに大きく、誰でも楽しめるイベントへと変身していきそうです。

オンライン

◉マニフェスト

本書の中でも紹介されていたように、マニフェストはシュリ・プリタジが毎月1回導く約3時間のオンラインのプログラムです。コロナ禍の2021年にスタートしましたが、毎年様々なテーマによって参加者をマニフェスト（願いの現実化）へと導きます。初年からの毎年リピートしている人も多く、コミュニティとして参加している人たちもいます。また、毎月プリタジの話を聞く機会を与えられるため、自分の意識状態をチェックする場にもなっています。2024年のマニフェストは、12個のチャクラをテーマに、毎月その浄化と活性化を行なっています。チャクラとは、私たちの肉体を超えたエネルギー体に存在するエネルギーセンターのことです。すべてのチャクラのバランスをとり、エネルギーの活性化を行うことで、毎月、意識のアップグレードが行なわれます。また、最後にはシュリ・プリタジからの祝福を受け取ります。

◉ SKY（シュリ・クリシュナジと若者たち）

通常のプログラムは年齢制限等が一切ありませんが、このSKYのみ、参加者は14歳から30歳の若者だけが対象になっています。SKYは、毎月オンラインでクリシュナジと若者がつながり、若いワンネス・リーダーとして、変革者として、育まれる約1時間のプログラムです。世界中の若者が一堂に会して、クリシュナジにたくさんの質問をして、クリシュナジがそれに答えていきます。世界の若者たちの抱えるテーマは、共通点がたくさんあります。生きるとはどういうことなのか？という疑問はもちろん、勉強とは？　受験とは？　人間関係とは？親子関係とは？　仕事とは？　結婚とは？　と、多くの若者たちが共通のテーマで悩んでいます。クリシュナジはそれを丁寧かつ明快、そしてユーモアに満ちた回答で皆を納得させてしまうのです。今、このSKYからワンネス・ジェネレーションという若者のコミュニティが発展しており、年2回若者向けのユースフェスティバルも開かれています。

海外

・エーカム・タパス

悟りとは苦しみからの解放です。それは、小さい苦しみであろうと、大きな苦しみであろうと、悲劇のような苦しみであろうと、同じなのです。この苦しみの解放を体験し、悟った意識で生きたいと願うなら、タパスこそ是非体験してほしいプログラムです。タパスは、インドの悟りのワールド・センターであるエーカムと、その周囲にある古代の森や丘を含むワンネスのキャンパスにて開催されるプログラムです。全日程は４週間あり、さらに前進したい探求者にとっては、マハータパスと呼ばれる２週間の上級プログラムも用意されています。４週間は､２週間ずつの参加が可能です。タパスとは､サンスクリット語で『内なる輝き』を意味します。４週間のタパスでは、毎週マラと呼ばれるマインドの障壁を取り除くことによって、悟りの意識を体験します。

・ワンネス・アバンダンス・フェスティバル

ワンネス・アバンダンス・フェスティバルは富の意識を得るための６日間のプログラムです。インドのエーカムにて開催されており、悟りと富を融合させるとはどういうことかという教えやプロセスに加えて、フェスティバルという名にふさわしくライブバンドの演奏やダンスなどもあります。世界中から集まった参加者と共に、生命を祝い、富の意識に浸りましょう。これまで自分が持っていた富や豊かさのイメージが、180度変化していくことを感じるでしょう。

上記のイベントについての問い合わせ先はこちら
ONENESS JAPAN
info.owl.japan@gmail.com
小原まで
公式LINEでも情報発信しています。

◉編集協力

小原康照（株式会社 KENZA 代表。ONENESS JAPAN コーディネーター・OWL メンバー）

佐野直樹（株式会社 AND 代表・OWL メンバー）

横澤大輔（株式会社ドワンゴ取締役・OWL メンバー）

高橋美央（翻訳校正）

ONENESS DASAS（シュリ・プリタジとシュリ・クリシュナジの弟子たち）

これまでワンネスムーブメントに献身的に心を尽くしてくださった、全ての皆様

共著者　**シュリ・プリタジ＆シュリ・クリシュナジ**

インド・アンドラプラデーシュ州にある「悟りのワールドセンター・EKAM」を中心とするワンネスムーブメントの共同創設者。アンソニー・ロビンスやアッシャーなど世界的なリーダーや著名人、大企業やその経営者たちのメンターとしても知られている。２人はワンネスムーブメントを通してインドの古代哲学と最新の脳科学を融合した叡智を世界中の探究者に伝え、「悟り」について単なる知識だけではなく、実際にその意識状態を体験し、それを「悟った生き方」として生きられるようにするためのエコシステムを構築している。ひとり娘のロカーと共に、若いリーダーたちの育成にも努めており、それが今やワンネスジェネレーションとして発展している。さらにエーカム周辺において真の持続可能性を目指す村づくり「ワールドビレッジプロジェクト」も行なっている。

ご興味のある方は、以下のサイトから
http://onenessjapan.org

愛と豊かさのための
４つの神聖な鍵

2025年4月15日　初版第一刷発行

著者　シュリ・プリタジ＆シュリ・クリシュナジ
翻訳者　関口　香
発行者　津嶋　栄
発行　株式会社日本経営センター（フローラル出版）
〒171-0022
東京都豊島区南池袋1-9-18　GOGOオフィス池袋250号室
TEL：03-6328-3705
FAX：050-3588-1970
注文用メールアドレス：order@floralpublish.com
出版プロデュース：株式会社日本経営センター
カバーデザイン：小口　翔平 ＋ 畑中　茜（tobufune）
本文デザイン：斉藤　よしのぶ
印刷・製本：株式会社ティーケー出版印刷

Printed in Japan
ISBN 978-4-910017-62-4